FLUGZEUGE DER WELT
HEUTE — MORGEN

Deutsche Übersetzung und Bearbeitung von Martin Fricke
Original edition published in Great Britain under the title
«Observers Aircraft»
© Frederick Warne & Co., 1988

All rights reserved
Nachdruck, auch auszugsweise, nur mit Bewilligung
des Verlags.

© 1988 by Werner Classen Verlag Zürich
Printed in Switzerland by Druckerei Baumann AG, Menziken
ISBN 3 7172 0351 7

WILLIAM GREEN
UND DENNIS PUNNETT

Flugzeuge der Welt

heute – morgen

Beschreibung von 142 Flugzeugtypen
mit 247 Abbildungen

WERNER CLASSEN VERLAG

ZÜRICH/STUTTGART

VORWORT ZUR AUSGABE 1988/89

Seit vielen Jahren hat sich «Flugzeuge der Welt» darauf spezialisiert, die neusten Flugzeugtypen aus aller Welt vorzustellen, sei es, dass ihr Erstflug im Berichtsjahr noch bevorsteht, sei es, dass sie sich bereits in der Flugerprobung oder sogar in einer frühen Phase des Serienbaus befinden. Dieses Auswahlkriterium bringt es naturgemäss mit sich, dass nur wenige, privilegierte Leser diese Flugzeuge auch schon im laufenden Jahr zu Gesicht bekommen. Andererseits ermöglicht es allen Interessierten einen konzentrierten Überblick über den Stand der neusten Entwicklungen auf diesem faszinierenden Gebiet der Technik. Nicht die gängigen Typen, sondern die Neuheiten sollen Inhalt der folgenden Seiten sein. Auch nur die wichtigsten der heute im täglichen Einsatz stehenden Maschinen hier aufzunehmen, würde den dreifachen Raum benötigen.

Unter den diesjährigen Novitäten finden sich die sowjetischen Verkehrsflugzeuge Tupolew Tu-204 und Iljuschin Il-96, der dritte serienmässig hergestellte Senkrechtstarter der Welt, die Bell-Boeing V-22 Osprey, dann der technisch weniger radikale Jettrainer I-22 Iryd aus Polen, sowie Chinas militärisches Grossflugboot SH-5. Boeing ist zudem mit den neuen Versionen Boeing 747-400 und 737-400 vertreten, Airbus mit der Serienausführung der A320, der A320-200. Etwas weiter unten auf der Grössenskala finden sich die französisch-italienische ATR-72, die Bromon BR-2000 und die Canadair CL-215T.

Kampfwertsteigerung und Lebensverlängerungs-Programme für alternde Kampfflugzeuge sind heute des schnellen technischen Fortschritts und der hohen Beschaffungskosten wegen an der Tagesordnung – vertreten ist diese Kategorie auf den folgenden Seiten durch neue Versionen der A-6 Intruder, der A-7 Corsair II und der BAe Sea Harrier FRS Mk.2.

Wie üblich bilden die neustverfügbaren Daten und Informationen Grundlage der Typenbeschreibungen dieses Werkes. Die vorliegende deutschsprachige Ausgabe ist zudem nicht nur ein halbes Jahr in Text und Bild weiter nachgeführt, sondern zusätzlich mit den Anschriften aller erwähnten Flugzeughersteller und den SI-Werten für Triebwerkleistungen ergänzt.

William Green / Martin Fricke

AERITALIA-AERMACCHI-EMBRAER AMX

Ursprungsland: Italien und Brasilien.
Kategorie: Einsitziges Erdkampfflugzeug.
Triebwerke: Ein Mantelstromtriebwerk Rolls-Royce Spey Mk.807 von 5000 kp (49,1 kN) Standschub.
Leistungen: Höchstgeschwindigkeit 1160 km/h auf 300 m (Mach 0,95); durchschnittliche Reisegeschwindigkeit 960 km/h (Mach 0,77); Aktionsradius mit 1360 kg Waffenlasten und zwei 500-l-Zusatztanks (Einsatzprofil tief-tief-tief inkl. 5 Min. Aufenthalt über dem Zielgebiet und 10 Min. Reserven) 370 km, bzw. 520 km (Einsatzprofil hoch-tief-hoch); Überführungsreichweite mit zwei abwerfbaren 1000-l-Zustztanks unter den Flügeln 2965 km.
Gewichte: Rüstgewicht 6700 kg; typisches Startgewicht für einen Kampfeinsatz 10 750 kg; max. Startgewicht 12 500 kg.
Bewaffnung: Eine 20-mm-Revolverkanone M61A1 (Italien), bzw. zwei 30-mm-Kanonen DEFA 553 (Brasilien) Zwei Luft-Luft-Lenkwaffen AIM-9L (oder ähnliche) an den Flügelspitzen, plus maximal 3800 kg Aussenlasten, verteilt unter fünf Aufhängepunkte.
Entwicklungsstand: Jungfernflug des ersten Prototyps am 15. Mai 1984, gefolgt von drei weiteren italienischen und zwei brasilianischen Prototypen (Erstflug von Embraers erster AMX am 16. Oktober 1985). Beginn der Serienherstellung im Juli 1986, mit Erstflug der ersten Serienmaschine am 11. Mai 1988. Italien wird mindestens 187, Brasilien 79 Einheiten erhalten.
Bemerkungen: Das Konsortium zum Bau der AMX setzt sich aus den Firmen Aeritalia (zu 47,1 %), Aermacchi (zu 23,2 %) und Embraer (zu 29,7 %) zusammen. Die Endmontage erfolgt auf zwei getrennten Montagestrassen, je nach Bestimmungsland des einzelnen Flugzeugs. Die Bestandteile hingegen werden jeweils nur in einem Werk hergestellt und dann ausgetauscht.
Hersteller: Aeritalia, Turin, und Aermacchi SpA, Varese, Italien, sowie EMBRAER (Emprêsa Brasileira de Aeronáutica SA), Sao José dos Campos, Brasilien.

AERITALIA-AERMACCHI-EMBRAER AMX

Abmessungen: Spannweite 8,87 m, Länge 13,23 m, Höhe 4,58 m, Flügelfläche 21,00 m².

AERMACCHI MB-339C

Ursprungsland: Italien.
Kategorie: Zweisitziger Basis-/Fortgeschrittenentrainer und leichter Erdkämpfer.
Triebwerke: Ein Strahltriebwerk Rolls-Royce Viper 680-43 von 1996 kp (19,57 kN) Standschub (Lizenzbau Fiat).
Leistungen: Höchstgeschwindigkeit 902 km/h auf Meereshöhe, bzw. 834 km/h auf 10 975 m; max. Anfangssteiggeschwindigkeit (50 % Treibstoffzuladung) 40,64 m/Sek; typischer Aktionsradius als Erdkämpfer mit zwei 30-mm-Kanonen und zwei LAU-51-Raketenwerfern, inkl. 5 Min. Aufenthalt im Zielgebiet (Einsatzprofil hoch-tief-hoch) 395 km.
Gewichte: Leer 3310 kg; normales Startgewicht für Übungsflug 4635 kg; max. Startgewicht 6350 kg.
Bewaffnung (als Waffentrainer und leichter Erdkämpfer): Zwei 30-mm-Kanonen in Flügelbehältern sowie Aussenlasten bis zum Maximalgewicht von 1815 kg, verteilt unter sechs Flügelstationen (Bomben, Raketen, Lenkwaffen).
Entwicklungsstand: Erstflug der MB-339C am 17. Dezember 1985, des Prototyps der Basisversion MB-339A am 12. August 1976. Bisher haben sich Italien (102), Dubai (5), Nigeria (12), Malaysia (12), Ghana (2) und Peru (16) für Aermacchis neusten Jettrainer entschieden.
Bemerkungen: Die MB-339C verfügt zusätzlich über ein digitales Navigations- und Feuerleitsystem, womit sie sich speziell für die Waffenschulung und den leichten Erdkampf eignet. Zudem findet ein stärkeres Strahltriebwerk Verwendung (Viper 680-43 anstelle des Viper 632-43 in der MB-339A). Die MB-339K ist eine spezialisierte einsitzige Erdkampfausführung und kann neuerdings auch mit der Avionik der MB-339C ausgerüstet werden. Eine zweimotorige Ausführung, die MB-339D, war zu Beginn 1988 zur Entwicklung vorgeschlagen.
Hersteller: Aermacchi SpA (Tochterfirma von Aeronautica Macchi SpA), Varese, Italien.

AERMACCHI MB-339C

Abmessungen: Spannweite 11,22 m, Länge 11,24 m, Höhe 3,90 m, Flügelfläche 19,30 m².

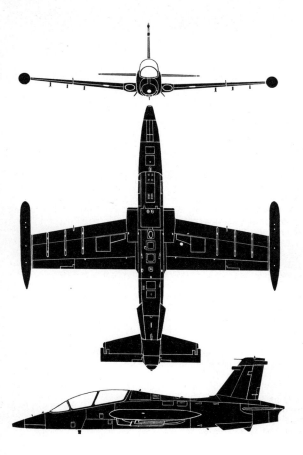

AEROSPATIALE TB 30 EPSILON-TP

Ursprungsland: Frankreich.
Kategorie: Zweisitziger Grundschul- und Basistrainer.
Triebwerke: Eine Propellerturbine Turboméca TP 319 von 360 WPS (268,5 kW) Leistung.
Leistungen: Höchstgeschwindigkeit 439 km/h auf 6100 m; max. Anfangssteiggeschwindigkeit 10,8 m/Sek.
Gewichte: Leer 857 kg; max. Startgewicht (Kunstflug) 1247 kg.
Entwicklungsstand: Der Prototyp der Epsilon-TP (modifizierter Prototyp der kolbenmotorgetriebenen Epsilon) fliegt seit dem 9. November 1985, primär als Erprobungsträger für die Propellerturbine Turboméca TP 319, doch wäre eine Serienausführung möglich und käme ab Ende 1989 zur Auslieferung. Zu Beginn 1988 produzierte Aérospatiale zwei bis drei Epsilon monatlich.
Bemerkungen: Die Epsilon-TP ist eine turbopropgetriebene Ausführung des Basismodells Epsilon, welches zurzeit in 150 Exemplaren für die Flugschulen der Armée de l'Air in Serie gebaut wird, und dessen Prototyp seinen Erstflug am 22. Dezember 1979 ausführte. 18 weitere Exemplare sollen für Portugal bei OGMA (Alverca) in Lizenz montiert werden. Aérospatiale baut auf Bestellung zudem eine bewaffnete Exportversion; diese verfügt über vier Flügelstationen zu je zweimal 160 kg und 80 kg Tragkraft und wurde bisher in drei Einheiten an Togo geliefert. Die Epsilon-TP unterscheidet sich ausser der Propellerturbine kaum von der Basisausführung und ist einer der leichtesten Turbotrainer auf dem Markt – direkt vergleichbar mit der finnischen Valmet L-90 Redigo (siehe Seiten 212/213). Auch die Turbopropausführung soll gemäss Aérospatiale in einer bewaffneten Version mit verstärkten Flügeln angeboten werden; als Triebwerke liessen sich die Propellerturbinen Allison 250 oder Pratt & Whitney Canada PT6A verwenden.
Hersteller: Aérospatiale SNI und SOCATA, Werk Tarbes-Ossun-Lourdes, Frankreich.

AEROSPATIALE TB 30 EPSILON-TP

Abmessungen: Spannweite 7,92 m, Länge 7,59 m, Höhe 2,66 m, Flügelfläche 9,60 m².

AEROSPATIALE-AERITALIA ATR 72

Ursprungsland: Frankreich und Italien.
Kategorie: Regionalverkehrsflugzeug.
Triebwerke: Zwei Propellerturbinen Pratt & Whitney Canada PW124 von je 2400 WPS (1789,9 kW) Leistung.
Leistungen (geschätzt): Max. Reisegeschwindigkeit 530 km/h; max. Reiseflughöhe 7620 m; Reichweite bei einem Fluggewicht von 21 500 kg (inkl. Reserven) 1204 km, mit 66 Passagieren 2780 km.
Gewichte: Rüstgewicht 12 170 bis 12 200 kg; max. Startgewicht 19 990 bis 21 500 kg.
Zuladung: Zwei Mann Cockpitbesatzung und verschiedene Innenausstattungen für 64, 66, 70 und maximal 74 Passagiere in Viererreihen mit Mittelgang.
Entwicklungsstand: Der Prototyp ATR 72 soll seinen Erstflug im August 1988 ausführen. Die ATR 72 ist eine gestreckte, stärkere Ausführung der ATR 42 (siehe Ausgabe 1987). Bis 1. Dezember 1987 sind für die ATR 72 acht feste Bestellungen und 31 Optionen eingegangen, die entsprechenden Zahlen für die ATR 42 lauten 118 plus 72 Optionen. 62 befinden sich bereits im Einsatz. Anfangs 1988 wurden monatlich vier Maschinen hergestellt.
Bemerkungen: Das Programm wurde im Januar 1986 gestartet. Die Version ATR 72 verfügt über einen 4,40 m längeren Rumpf und sechs zusätzliche Sitzreihen gegenüber der ATR 42. Die ersten Serienflugzeuge sollen im Mai 1989 an Finnair geliefert werden.
Hersteller: Avions de Transport Régional, Aérospatiale Toulouse (Frankreich), und Aeritalia Neapel (Italien).

AEROSPATIALE-AERITALIA ATR 72

Abmessungen: Spannweite 27,05 m, Länge 27,17 m, Höhe 7,65 m, Flügelfläche 61,00 m².

AIRBUS A300-600

Ursprungsland: Europäisches Konsortium.
Kategorie: Mittelstrecken-Verkehrsflugzeug.
Triebwerke: Zwei Mantelstromtriebwerke Pratt & Whitney JT9D-7R4H1 oder General Electric CF6-80C2 von je 25 400 kp (249 kN) Standschub.
Leistungen: Max. Reisegeschwindigkeit 891 km/h auf 9450 m; ökonom. Reisegeschwindigkeit 862–833 km/h auf 10 670 m; Reichweite mit max. Nutzlast 5200 km; max. Reichweite mit maximaler Treibstoffzuladung und 24 000 kg Nutzlast 8560 km.
Gewichte: Rüstgewicht 87 728 kg; max. Startgewicht 165 000 kg.
Zuladung: Drei Mann Cockpitbesatzung und maximal 344 Passagiere. Typische Mehrklassenbestuhlung für 267 Passagiere.
Entwicklungsstand: Die erste A300-600 startete am 8. Juli 1983 zu ihrem Erstflug, gefolgt von der ersten mit CF6-Triebwerken ausgerüsteten A300-600 am 20. März 1985. Erstere Version erhielt ihr Lufttüchtigkeitszeugnis am 9. März 1984 und steht seit Mai 1984 im flugplanmässigen Einsatz bei Saudia. Im Mai 1988 lagen insgesamt Aufträge für 311 A300 aller Versionen vor, wovon 280 abgeliefert waren. Airbus Industrie produziert gegenwärtig monatlich drei A300/A310.
Bemerkungen: Die A300 wird von einem internationalen Konsortium gebaut, dem die Flugzeugfirmen Aérospatiale (Frankreich), British Aerospace (Grossbritannien), Deutsche Airbus GmbH (Bundesrepublik) und CASA (Spanien) angehören. Die A300-600 ist die neuste Version der Airbus und ersetzt die A300B4-200 (siehe Ausgabe 1983), von welcher sie sich primär durch das von der A310 stammende Rumpfheck plus neuem Rumpfzwischenstück sowie durch modernere Triebwerke unterscheidet. Sie bietet zusätzlichen 18 Passagieren Platz. Thai International, erster Kunde für die mit CF6-80C2 ausgerüstete A300-600, hat die erste Maschine im September 1985 erhalten. Neuste Version ist die A300-600R, die dank zusätzlicher Treibstoffkapazität in der Höhenflosse über eine grössere Reichweite verfügt und erstmals im Herbst 1987 geflogen ist. Als Antrieb sind zwei Pratt & Whitney PW4158 von je 26 310 kp (258 kW) oder zwei General Electric CF6-80C2A3 von 27 307 kp (267,8 kW) Standschub vorgesehen.
Hersteller: Airbus Industrie, Blagnac, Frankreich.

AIRBUS A300-600

Abmessungen: Spannweite 44,84 m, Länge 54,08 m, Höhe 16,53 m, Flügelfläche 260,00 m².

AIRBUS A310-300

Ursprungsland: Europäisches Konsortium.
Kategorie: Mittelstrecken-Verkehrsflugzeug.
Triebwerke: Zwei Mantelstromtriebwerke Pratt & Whitney JT9D-7R4E oder General Electric CF6-80C2-A2 von je 22 680 kp (222,4 kN) Standschub.
Leistungen: Max. Reisegeschwindigkeit 903 km/h auf 10 670 m, Langstrecken-Reisegeschwindigkeit 860 km/h auf 11 280 m; Reichweite mit max. Nutzlast 6950 km; max. Reichweite 9710 km.
Gewichte: Rüstgewicht 77 040 kg; max. Startgewicht 150 000 kg.
Zuladung: Zwei oder drei Mann Cockpitbesatzung und maximal 280 Passagiere in Einheitsklasse oder 218 Passagiere bei Zweiklassen-Innenausstattung.
Entwicklungsstand: Die erste A310-300 führte am 8. Juli 1985 ihren Jungfernflug aus. Zulassung im Dezember 1985, mit Ablieferung der ersten beiden Flugzeuge an Swissair im selben Monat. Air India nahm im Juni 1986 als erste Gesellschaft die CF6-angetriebene Ausführung in Betrieb. Anfangs Juni 1988 waren von 155 bestellten Airbus A310 110 ausgeliefert. Produktionsrate, zusammen mit der A300 (siehe Seiten 14/15) drei Flugzeuge monatlich. Der Prototyp des Basismodells A310 fliegt seit dem 3. April 1982.
Bemerkungen: Die A310-300 unterscheidet sich von den früheren Versionen durch einen zusätzlichen Treibstofftank in der Höhenflosse, eine Kunststoff-Heckflosse, Flügelohren und ein überarbeitetes Cockpit-Layout. Dank intensiver Entwicklungsarbeit gelang es, das Zellengewicht der neuen Version auf den Werten der früheren Muster zu halten, und das trotz des um 11 000 kg höheren Abfluggewichts. Der Zusatztank im Leitwerk dient nicht nur zur Vergrösserung der Treibstoffmenge, sondern auch zum optimalen Austrimmen des Flugzeugs im Flug. Seit Mitte 1987 steht zusätzlich zu den bisherigen Triebwerken das Pratt & Whitney PW4152 von je 23 586 kp (231,2 kN) Standschub zur Wahl.
Hersteller: Airbus Industrie, Blagnac, Frankreich.

AIRBUS A310-300

Abmessungen: Spannweite 43,90 m, Länge 46,66 m, Höhe 15,81 m, Flügelfläche 219,00 m².

AIRBUS A320-200

Ursprungsland: Europäisches Konsortium.
Kategorie: Kurz- und Mittelstrecken-Verkehrsflugzeug.
Triebwerke: Zwei Mantelstromtriebwerke General Electric/SNECMA CFM56-5 oder zwei IAE V2500 von je 11 340 kp (11,2 kN) Standschub.
Leistungen (Schätzungen des Herstellers): Max. Reisegeschw. 903 km/h auf 8350 m; ökonom. Reisegeschwindigkeit 840 km/h auf 11 280 m; Reichweite mit 150 Passagieren 4730 km, max. Reichweite 7190 km.
Gewichte: Rüstgewicht 39 268 kg; max. Startgewicht 71 986 kg.
Zuladung: Zwei Mann Cockpitbesatzung und Mehrklassenbestuhlung für 12 Erstklasspassagiere in Viererreihen und 138 Economyklasspassagiere in Sechserreihen. Einheitsklassen-Innenausstattung für 164 Passagiere.
Entwicklungsstand: Die erste von vier für die Versuchsflüge vorgesehenen A320 führte am 22. Februar 1987 ihren Erstflug aus. Indienststellung (1. Linienflug) am 18. April 1988. Kunden für die V2500-getriebene Ausführung müssen sich noch bis zum Frühjahr 1989 gedulden. Zu Beginn 1988 verfügte Airbus Industrie über 287 feste Bestellungen und 160 Optionen für die A320 Um dieser Nachfrage gerecht zu werden, sollen ab Mitte 1990 monatlich nicht weniger als acht Flugzeuge dieses Typs hergestellt werden.
Bemerkungen: Die Airbus A320 ist das erste elektrisch gesteuerte Verkehrsflugzeug der Welt (fly-by-wire). Vorderhand sollen die Versionen -100 und -200 gebaut werden, wobei letztere sich durch erhöhte Treibstoffkapazität in den Flügeltanks sowie Grenzschichtzäune unterscheidet. Ab der 22. Maschine (Auslieferung im September 1988) werden alle A320 dem -200-Standard entsprechen.
Hersteller: Airbus Industrie, Blagnac, Frankreich.

AIRBUS A320-200

Abmessungen: Spannweite 33,91 m, Länge 37,58 m, Höhe 11,77 m, Flügelfläche 122,4 m².

ANTONOW AN-32 (CLINE)

Ursprungsland: UdSSR.
Kategorie: Taktischer Militärtransporter.
Triebwerke: Zwei Propellerturbinen Iwtschenko AI-20M von je 4195 WPS (3128 kW) oder zwei AI-30DM von je 5180 WPS (3862 kW) Leistung.
Leistungen (AI-20DM): Normale Reisegeschwindigkeit 530 km/h auf 8000 m; Dienstgipfelhöhe 9000 m; Reichweite inkl. 45 Min. Reserven 2200 km, vollbeladen 800 km.
Gewichte (AI-20DM): Maximale Nutzlast 6700 kg; max. Startgewicht 27 000 kg.
Zuladung: Fünf Mann Besatzung und 39 Soldaten, 30 Fallschirmjäger oder 24 Patienten samt Pfleger. Als Frachter vermag die An-32 6700 kg Zuladung zu befördern. Über die eingebaute Heckladerampe lassen sich auch Fahrzeuge verladen und Lasten im Flug per Fallschirm abwerfen.
Entwicklungsstand: Die An-32 basiert auf der An-26 (Curl) und flog erstmals Ende 1976. Bis 1982 eine bedeutende Bestellung für 95, inzwischen erhöht auf 118, Maschinen aus Indien eintraf, existierte nur ein einziger Prototyp. Rund 15 An-32 gingen an die peruanische Luftwaffe.
Bemerkungen: Die mit AI-20DM-Turbinen angetriebene An-32 wurde speziell für den Einsatz in heissen und hochgelegenen Gebieten konstruiert. So können mit der An-32 drei Tonnen Fracht von einem 4500 m hoch gelegenen Flugfeld aus bei 25 °C Umgebungstemperatur transportiert werden. Für solche Leistungen besitzt sie Dreifach-Schlitzklappen an der Flügelhinterkante sowie automatische Vorflügel und vergrösserte Ruderflächen; zudem verfügt sie über Niederdruckreifen, womit sie von befestigten Flugplätzen unabhängig ist. Zur Kompensation der höher als normal liegenden Triebwerke verfügt die Höhenflosse über eine starre Spaltklappe.
Hersteller: OKB Oleg K. Antonow, Kiew, UdSSR.

ANTONOW AN-32 (CLINE)

Abmessungen: Spannweite 29,20 m, Länge 23,68 m, Höhe 8,58 m, Flügelfläche 75,00 m².

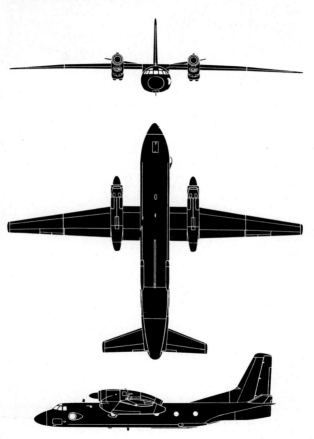

ANTONOW AN-74 (COALER)

Ursprungsland: UdSSR.
Kategorie: STOL-Arktiserforschungs- und Mehrzweckflugzeug.
Triebwerke: Zwei Mantelstromtriebwerke Lotarew D-36 von je 6500 kp (63,74 kN) Standschub.
Leistungen: Höchstgeschwindigkeit 705 km/h; normale Reisegeschwindigkeit 550 km/h; normale Flughöhe 8000–10000 m; Dienstgipfelhöhe 10500 m; Reichweite mit 10000 kg Nutzlast und einer Stunde Reserve 1150 km, mit 5000 kg Nutzlast und denselben Reserven 3300 km; max. Reichweite mit 2300 kg Nutzlast 4700 km.
Gewichte: Max. Startgewicht 34500 kg.
Zuladung (An-74): Vier Mann Besatzung und acht Passagiere in kleiner Kabine zwischen Cockpit und Frachtraum. Die Basisversion An-72 ist mit Klappsitzen für bis zu 40 Passagiere versehen oder vermag als Sanitätsflugzeug 26 Patienten zu transportieren; Cockpitbesatzung zwei Mann.
Entwicklungsstand: Die An-74 flog erstmals Ende 1983, gefolgt vom ersten Serienflugzeug 1985. Zertifizierung und Beginn der Serienproduktion 1987.
Bemerkungen: Die hier beschriebene und abgebildete Spezialversion der An-72 ist für den Arktiseinsatz optimiert und verfügt über zusätzliche Beobachtungsfenster auf der linken Rumpfseite. Beide Ausführungen verdanken ihre bemerkenswerten Kurzstart- und Landeeigenschaften einem wirkungsvollen Klappensystem auf der Flügelhinterkante sowie den hochliegenden Triebwerken, deren Abgase die Flügeloberseite überströmen und damit den Auftrieb beträchtlich erhöhen (Coanda-Effekt). Mit Hilfe der An-74 wird es möglich sein, unabhängig von befestigten Arktisbasen kleine, mobile Forschungsstationen aufzubauen und zu betreiben. Zu diesem Zweck kann sie mit Skis ausgerüstet werden. Die Beobachtung von Packeisfeldern wird ebenfalls zu ihren Aufgaben zählen. Äusserlich sind die An-72 und die An-74 praktisch nicht zu unterscheiden.
Konstrukteur: OKB Oleg K. Antonow, Kiew, UdSSR.

ANTONOW AN-74 (COALER)

Abmessungen: Spannweite 31,89 m, Länge 26,07 m, Höhe 8,65 m².

ANTONOW AN-124 RUSLAN (CONDOR)

Ursprungsland: UdSSR.
Kategorie: Schwerer strategischer Transporter und ziviler Frachter.
Triebwerke: Vier Mantelstromtriebwerke Lotarew D-18T von 23 430 kp (229,5 kN) Standschub.
Leistungen: Reisegeschwindigkeit 800–850 km/h auf 10 000–12 000 m; Reichweite mit maximaler Nutzlast (150 000 kg) 4500 km; max. Reichweite 16 500 km.
Gewichte: Max. Startgewicht 405 000 kg.
Zuladung: Sechs Mann Besatzung. Hinter dem Cockpit Kabine für 88 Personen, einschliesslich einer Ersatz-Crew. Der eigentliche Frachtraum vermag alle Bestandteile des ballistischen Lenkwaffensystems SS-20 sowie alle gepanzerten Fahrzeuge und Tanks der sowjetischen Armee aufzunehmen. Die Besatzung setzt sich aus zwei Piloten, zwei Flugingenieuren, einem Navigator und einem Funker zusammen.
Entwicklungsstand: Erstflug des ersten von drei Prototypen am 26. Dezember 1982. Beginn der Serienherstellung im Laufe von 1984. Zu Beginn 1988 dürften 12 Serienflugzeuge fertiggestellt gewesen sein.
Bemerkungen: Die An-124 Ruslan (Riese aus der russischen Sagenwelt) ist das schwerste und, bezogen auf die Flügelspannweite, grösste Flugzeug der Welt. Am 26. Juli 1985 stellte eine An-124 nicht weniger als 21 neue Weltrekorde auf, indem sie eine Last von 171 219 kg auf 10 750 m Höhe transportierte. Als technisch auf dem letzten Stand stehender Frachter besitzt die An-124 eine elektrische Steuerung, einen Frachtraumboden aus Titan sowie einen beachtlichen Anteil an Kunststoffbauelementen. Sie kann gleichzeitig von vorn (über den hochklappbaren Rumpfbug) und von hinten beladen werden.
Der Grossteil der Serienflugzeuge geht an die VVS als Ersatz für die turbopropgetriebene Antonow An-22.
Konstrukteur: OKB Oleg K. Antonow, Kiew, UdSSR.

ANTONOW AN-124 RUSLAN (CONDOR)

Abmessungen: Spannweite 73,30 m, Länge 69,50 m, Höhe 22,50 m, Flügelfläche 628 m².

BEECHCRAFT 1900 C

Ursprungsland: USA.
Kategorie: Regionalverkehrs- und Firmenflugzeug.
Triebwerke: Zwei Propellerturbinen Pratt & Whitney Canada PT6A-65B von je 1100 WPS (820,4 kW) Leistung.
Leistungen: Max. Reisegeschwindigkeit 474 km/h auf 2440 m; max. Anfangssteiggeschwindigkeit 11,84 m/Sek; max. Reichweite inkl. 45 Min. Reserven 1471 km auf 7600 m, mit zusätzlichen Treibstofftanks in den Flügeln 3150 km.
Gewichte: Leer 3947 kg; max. Startgewicht 7530 kg.
Zuladung: Zwei Mann Besatzung und Standardbestuhlung für 19 Passagiere in Einzelsitzen mit Mittelgang. Als Firmenflugzeug verschiedene Innenausstattungen für bis zu 14 Passagiere.
Entwicklungsstand: Erstflug des ersten von drei Prototypen am 3. September 1982. Beginn der Kundenlieferungen Ende 1983. Über 100 waren zu Beginn 1988 bestellt und etwa 80 ausgeliefert. Davon standen rund 70 im Einsatz als Regionalflugzeuge. 1988 sollen weitere 36 Flugzeuge dieses Typs hergestellt werden.
Bemerkungen: Die Beech 1900 ist zurzeit in zwei Ausführungen verfügbar, der Version 1900 C mit nach oben zu öffnendem Frachttor als Regionalverkehrsflugzeug und der Beech King Air Exec-Liner für Firmen. Als Weiterentwicklung der King Air 200 verfügen beide Typen über 40 % gemeinsame Bauteile. Die Beech 1900 lässt sich auch für militärische Zwecke verwenden. Sechs C-12J werden für die US Air National Guard und sechs Elektronikaufklärer für die ägyptische Luftwaffe 1988 geliefert, letztere mit zusätzlichen Treibstofftanks in den Flügeln.
Hersteller: Beech Aircraft Corp. (Tochtergesellschaft von Raytheon Co.), Wichita, Kansas, USA.

BEECHCRAFT 1900 C

Abmessungen: Spannweite 16,61 m, Länge 17,63 m, Höhe 4,53 m, Flügelfläche 28,15 m².

BEECHCRAFT BEECHJET

Ursprungsland: USA (Japan).
Kategorie: Firmenflugzeug.
Triebwerke: Zwei Mantelstromtriebwerke Pratt & Whitney Canada JT15D-5 von je 1315 kp (12,9 kN) Standschub.
Leistungen: Höchstgeschwindigkeit 837 km/h oder Mach 0,785; typische Reisegeschwindigkeit auf 11890 m 748 km/h; Anfangssteiggeschwindigkeit 20,12 m/Sek; Gipfelhöhe 12500 m; max. Reichweite mit vier Passagieren inkl. IFR-Reserven 2832 km, mit VFR-Reserven 3572 km, Reichweite mit sieben Passagieren (VFR-Reserven) 2952 km.
Gewichte: Rüstgewicht 4225 kg; max. Startgewicht 7185 kg.
Zuladung: Zwei Piloten und Standard-Innenausstattung für acht Passagiere (fünf Einzelsitze und Dreiersofa). Rückwärtiges Gepäckteil.
Entwicklungsstand: Die Beechjet ist eine Variante der Mitsubishi Diamond 2, deren Herstellungsrechte im März 1986 vollumfänglich an Beechcraft gingen. Vier von fünf dabei aus Japan übernommene Diamond 2 wurden noch im selben Jahr auf den Beechjet-Standard gebracht, und das erste vollständig bei Beech in den USA gebaute Flugzeug war im August 1986 fertiggestellt. Zu Beginn 1988 betrug die monatliche Produktionsrate 1,5 Flugzeuge.
Bemerkungen: Die Beechjet ist grundsätzlich eine mit anderen Triebwerken versehene und mit neuer Kabinenausstattung und Detailänderungen an die heutigen Ansprüche angepasste Ausführung der Diamond 2, welche (aus der Diamond 1 und 1A hervorgegangen) am 20. Juni 1984 zum erstenmal flog. Mitsubishi stellte 1985 noch elf Diamonds her, wovon sechs verkauft wurden und die übrigen an Beech gingen (Erstflug der ersten, japanischen, Serienmaschine am 28. Januar 1985). Im Dezember 1985 schloss Beech mit Mitsubishi den Vertrag zur Übernahme der Diamond ab. Das 1988er Modell verfügt erstmals über EFIS (Electronic Flight Instrumentation System, Bildschirm-Anzeigegeräte), ein vergrössertes Gepäckteil sowie über einen achten Passagiersitz.
Hersteller: Beech Aircraft Corp. (Tochtergesellschaft von Raytheon Co.), Wichita, Kansas, USA.

BEECHCRAFT BEECHJET

Abmessungen: Spannweite 13,25 m, Länge 14,75 m, Höhe 4,19 m, Flügelfläche 22,43 m².

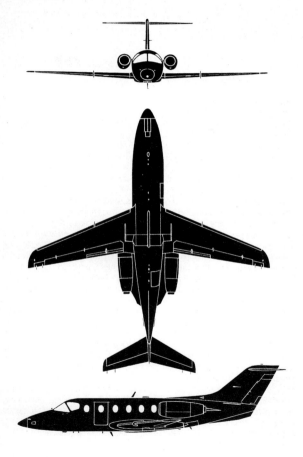

BEECHCRAFT 2000 STARSHIP 1

Ursprungsland: USA.
Kategorie: Firmenflugzeug.
Triebwerke: Zwei Propellerturbinen Pratt & Whitney PT6A-67 von je 1100 WPS (820 kW) Leistung.
Leistungen: Max. Reisegeschwindigkeit 652 km/h auf 7620 m; ökonom. Reisegeschwindigkeit 504 km/h auf 11890 m; max. Anfangssteiggeschwindigkeit 16,50 m/Sek; zugelassene Gipfelhöhe 12500 m; max. Reichweite inkl. 45 Min. Reserven 4860 km; Reichweite mit max. Nutzlast und 45 Min. Reserven 2089 km.
Gewichte (geschätzt): Leer 3992 kg; max. Startgewicht 6350 kg.
Zuladung: Zwei Piloten und bis zu zehn Passagiere in der Kabine. Es stehen sechs verschiedene Standard-Innenausstattungen zur Wahl. Eine typische Möblierung umfasst sieben Einzelsitze und ein Zweiersofa.
Entwicklungsstand: Jungfernflug des ersten von drei Starship-Prototypen am 15. Februar 1986. Die Typenzulassung erfolgte im Juni 1988, der Beginn der Kundenlieferungen ist für das zweite Quartal 1989 geplant. Ein aerodynamischer Prototyp in 85% natürlicher Grösse fliegt seit dem 29. August 1983. Anfangs 1988 verfügte Beech über mehr als 60 feste Aufträge für die Starship.
Bemerkungen: Neuartig für Entenflugzeuge sind bei der Starship die verstellbaren vorderen Tragflächen, welche sich automatisch der jeweiligen Fluggeschwindigkeit und dem Klappenausschlag der Hauptflügel anpassen und so laufend für korrekte Trimmung sorgen. Zum Aufbau der Zelle finden in grossem Umfang Kunststoffe Verwendung. Im Laufe der Entwicklung wurden jedoch Konstruktionsänderungen notwendig, die sich gewichtssteigernd auswirkten und die Zertifizierung der Starship um ein Jahr hinauszögerten. Auch wurde ein etwas stärkeres Triebwerk nötig (PT6A-67 anstelle des PT6A-27 von 1000 PS Startleistung). Verschiedene, auf der Starship aufbauende Projekte befinden sich zurzeit in Entwicklung. Beech entwickelte die Starship als Nachfolger der bekannten King Air.
Hersteller: Beech Aircraft Corp. (Tochtergesellschaft von Raytheon Co.), Wichita, Kansas, USA.

BEECHCRAFT 2000 STARSHIP 1

Abmessungen: Spannweite 16,46 m, Länge 14,05 m, Höhe 3,91 m, Flügelfläche 26,09 m².

BELL-BOEING V-22 OSPREY

Ursprungsland: USA.
Kategorie: Mehrzweck-Kippflügelflugzeug.
Triebwerke: Zwei Propellerturbinen Allison T406-4D-400 von je 6150 WPS (4586,7 kW) Leistung.
Leistungen: Höchstgeschwindigkeit 630 km/h; max. Reisegeschwindigkeit 510 km/h auf Meereshöhe; Reichweite (MV-22A) 740 km bei Kurzstart mit 27 443 kg Startgewicht, bzw. 1110 km mit 24 948 kg Startgewicht; max. Überführungsreichweite 3890 km; Aufenthaltszeit im Zielgebiet bei einem Startgewicht von 21 956 kg 3,7 Std., 402 km vom Stützpunkt entfernt.
Gewichte: Leer 14 412 kg; max. Startgewicht VTO (Senkrechtstart) 21 546 kg, bzw. STO (Kurzstart) 26 762 kg oder (Überführungseinsatz STO) 27 443 kg.
Zuladung: Drei Mann Besatzung und (MV-22A) 24 Soldaten bzw. Aussenlasten bis zu 6800 kg, bzw. (CV-22A) 12 Mann für Spezialeinsätze.
Entwicklungsstand: Der erste von sechs Prototypen soll Mitte August 1988 seinen Jungfernflug absolvieren. Das US Marine Corps hat einen Bedarf für 552 Kampfzonentransporter MV-22A, die US Navy braucht rund 50 Such- und Rettungsflugzeuge HV-22A und evtl. weitere 300 SV-22A für ASW-Aufgaben als Ersatz der S-3A. Die USAF soll 80 CV-22A für Spezialeinsätze (special operations) benötigen, und die US Army plant die Beschaffung von bis zu 231 Mehrzwecktransportern MV-22. Beginn der Auslieferungen ab Dezember 1991. Der Prototyp war am 23. Juni 1988 fertiggestellt gewesen.
Bemerkungen: Als Gemeinschaftsentwicklung von Bell und Boeing wird die V-22 Osprey fähig sein, Kurz- oder Senkrechtstarts auszuführen und ist dazu mit einem Kippflügel und mit Rotoren ausgerüstet.
Hersteller: Bell Helicopter Textron Inc., Fort Worth, Texas, USA, und Boeing Helicopter Company, Philadelphia, USA.

BELL-BOEING V-22 OSPREY

Abmessungen: Spannweite inkl. Rotoren 25,77 m, Rotordurchmesser 11,58 m, Länge 17,47 m, Höhe 6,63 m².

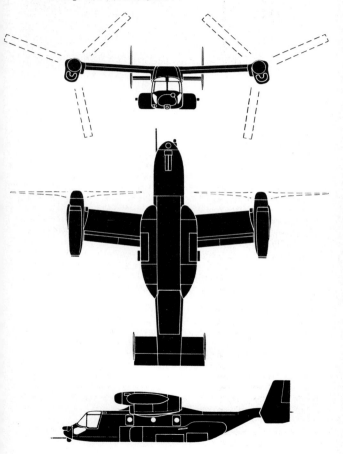

BOEING 737-400

Ursprungsland: USA.
Kategorie: Kurzstrecken-Verkehrsflugzeug.
Triebwerke: Zwei Mantelstromtriebwerke General Electric CFM56-3B-2 oder CFM56-3C von je 10 660 kp (104,5 kN) Standschub.
Leistungen (CFM56-3B-2): Max. Reisegeschwindigkeit bei einem Fluggewicht von 55 339 kg 912 km/h; ökonom. Reisegeschwindigkeit 778 km/h auf 10 670 m; Reichweite mit max. Nutzlast 3610 km; max. Reichweite 5240 km.
Gewichte: Rüstgewicht 33 471 kg; max. Startgewicht 62 824 kg.
Zuladung: Zwei Mann Cockpitbesatzung und typische Innenausstattung für 146 Passagiere. Maximal bis zu 168 Passagiere.
Entwicklungsstand: Die erste Boeing 737-400 war am 26. Januar 1988 fertiggestellt; der Beginn der Auslieferungen ist für den September 1988 festgelegt (an Piedmont). Bisher hat Boeing nicht weniger als 2000 Boeing 737 aller Modelle verkauft, und die Produktionsrate betrug 14 Flugzeuge monatlich.
Bemerkungen: Die Boeing 737-400 ist das neuste und längste Modell der 737-Reihe, des meistverkauften Jetverkehrsflugzeugs der Welt. Abgesehen vom um weitere 2,90 m gestreckten Rumpf und entsprechend angehobener Passagierkapazität zeichnet sich die 737-400 durch modernere Avionik sowie verstärkte Aussenflügel und ein tragfähigeres Fahrwerk aus. Das maximale Startgewicht der 737-400 soll in späteren Versionen bis auf 64 410 kg angehoben werden. Boeing schätzt, dass die Betriebskosten mit 156 Passagieren rund sieben Prozent unter denen der 737-300 liegen dürften. Die geplante Boeing 737-500 ist eine Ausführung mit kürzerem Rumpf für 100 bis 120 Passagiere, ihre Zulassung ist für den Februar 1990 vorgesehen.
Hersteller: The Boeing Company, Commercial Airplane Company, Renton, Washington, USA.

BOEING 737-400

Abmessungen: Spannweite 28,90 m, Länge 36,30 m, Höhe 11,12 m, Flügelfläche 91,04 m².

BOEING 747-400

Ursprungsland: USA.
Kategorie: Langstrecken-Verkehrsflugzeug.
Triebwerke: Vier Mantelstromtriebwerke General Electric CF6-80C2 von je 26 263 kp (257,5 kN), Pratt & Whitney PW4256 von je 25 742 kp (252,4 kN) oder Rolls-Royce RB, 211-524D4D von je 26 309 kp (258 kN) Standschub.
Leistungen (CF6-80C2): Max. Reisegeschwindigkeit 939 km/h auf 10 670 m; ökonom. Reisegeschwindigkeit 907 km/h; Reichweite mit max. Nutzlast 12 780 m; max. Reichweite 15 200 km.
Gewichte: Rüstgewicht (für 412 Passagiere) 177 450 kg; max. Startgewicht 394 630 kg.
Zuladung: Zwei Mann Cockpitbesatzung und 450 Passagiere in drei Klassen. Maximalkapazität 660 Passagiere.
Entwicklungsstand: «Roll-out» der 747-400 am 26. Januar 1988, mit Erstflug am 29. April 1988. Geplant ist die Zertifizierung und der Beginn der Ablieferungen auf das letzte Quartal 1988. Bei einer monatlichen Produktionsrate von 2½ Flugzeugen aller 747-Versionen stand der Bestellungseingang Mitte 1988 bei rund 840 Flugzeugen, darunter 120 Boeing 747-400.
Bemerkungen: Die Boeing 747-400 differiert in einer Anzahl von wichtigen Details vom Vorgängermodell 747-300 (siehe Ausgabe 1987), darunter Flügel mit grösserer Spannweite, Winglets, Zweimanncockpit mit Multifunktionsanzeigen und Ruheraum für eine Reservebesatzung. Im Vergleich zur 747-300 erzielt die 747-400 eine Reduktion des Treibstoffverbrauchs pro Passagier von 13 bis 15 Prozent. Die Triebwerkgondeln wurden komplett überarbeitet und die Aufhängung neu entworfen. Ein neues Kabineninneres mit besserer Platzverteilung bietet mehr Gepäckraum trotz unverändertem Rumpfquerschnitt. Während die erste 747-400 mit Pratt & Whitney-Triebwerken ausgerüstet ist, wird die zweite von General-Electric- und die dritte von Rolls-Royce-Triebwerken angetrieben sein.
Hersteller: The Boeing Company, Commercial Airplane Company, Everett, Washington, USA.

BOEING 747-400

Abmessungen: Spannweite 64,67 m, Länge 70,67 m, Höhe 19,30 m, Flügelfläche 524,88 m².

BOEING 757-200

Ursprungsland: USA.
Kategorie: Kurz- und Mittelstrecken-Verkehrsflugzeug.
Triebwerke: Zwei Mantelstromtriebwerke Rolls-Royce RB.211-535C von je 17010 kp (199,8 kN) Standschub, zwei Pratt & Whitney 2037 von je 17327 kp (169,9 kN) oder zwei Rolls-Royce RB.211-535E4 von je 18190 kp (178,4 kN) Standschub.
Leistungen (RB.211-535C): Max. Reisegeschwindigkeit 917 km/h auf 9150 m; ökonom. Reisegeschwindigkeit 850 km/h auf 11 900 m; Reichweite mit max. Nutzlast 3556 km bei einer Fluggeschwindigkeit von 850 km/h; max. Reichweite 8598 km.
Gewichte: Rüstgewicht 58265 kg; max. Startgewicht mit RB.211-535C-Triebwerken 99790 kg.
Zuladung: Zwei Piloten (drittes Besatzungsmitglied je nach Fluggesellschaft) und normalerweise 178 Passagiere in gemischten Klassen oder 196 Touristklass-Passagiere. Maximal 239 Passagiere in Einheitsklasse.
Entwicklungsstand: Erstflug der Boeing 757 am 19. Februar 1982, Beginn der Kundenlieferungen (an Eastern) im Dezember 1982. British Airways erhielt ihre erste 757 im Januar 1983. Mitte 1988 waren 240 Flugzeuge bestellt, wovon rund 170 abgeliefert waren. Zurzeit baut Boeing 3,5 Einheiten monatlich. Erstflug der ersten mit PW2037 angetriebenen Boeing 757 am 14. März 1984.
Bemerkungen: Zwei Versionen der Boeing 757 werden gegenwärtig gebaut, eine mit einem maximalen Abfluggewicht von 99790 kg und die andere mit einem solchen von 108864 kg. Ihre Flügel sind für den Kurzstreckeneinsatz optimiert und vermögen den überdurchschnittlich zahlreichen Starts und Landungen sowie den vielfach hohen Landegewichten zu widerstehen. Zu Beginn 1988 waren folgende Spezialversionen verfügbar: Die Boeing 757ER (Ablieferungsbeginn Mai 1986), die Boeing 757PF (Frachter) und die Boeing 757-200 Combi, mit wahlweise auf 104328 kg oder 108864 kg erhöhten Abfluggewichten.
Hersteller: The Boeing Company, Commercial Airplane Company, Renton, Washington, USA.

BOEING 757-200

Abmessungen: Spannweite 37,82 m, Länge 47,47 m, Höhe 13,56 m, Flügelfläche 181,25 m².

BOEING 767-300

Ursprungsland: USA.
Kategorie: Mittelstrecken-Verkehrsflugzeug.
Triebwerke: Zwei Mantelstromtriebwerke Pratt & Whitney JT9D-7R4E oder General Electric CF-80A2 von je 22 680 kp (222,4 kN) Standschub.
Leistungen (CF6-80A2): Max. Reisegeschwindigkeit 897 km/h auf 11 890 m; ökonom. Reisegeschwindigkeit 850 km/h auf 11 890 m; Reichweite mit max. Nutzlast 5665 km mit ökonom. Reisegeschwindigkeit; max. Reichweite 9305 km mit Langstrecken-Reisegeschwindigkeit.
Gewichte (CF6-80A2): Rüstgewicht 85 231 kg; max. Startgewicht 159 213 kg.
Zuladung: Zwei Piloten und, mit typischer Mehrklassen-Innenausstattung, 24 Erstklass-Passagiere in Sechserreihen und 237 Touristklass-Passagiere in Siebnerreihen.
Entwicklungsstand: Erstflug der Boeing 767 am 26. September 1981, erste Kundenlieferung an United am 18. August 1982. Die Boeing 767-300 führte ihren Jungfernflug am 1. Februar 1986 aus; Übergabe der ersten Maschine (an Japan Air Lines) am 25. September 1986. Im März 1988 waren insgesamt 280 Boeing 767 aller Versionen bestellt und etwa 195 davon ausgeliefert.
Bemerkungen: Die Boeing 767-300 ist eine um 6,48 m gestreckte Ausführung der 767-200. Zurzeit befinden sich die 767-300ER (Extanded Range, vergrösserte Reichweite) und die 767-300LR in Entwicklung, erstere mit einem Maximalgewicht von 184 615 kg. Als Antrieb sind zwei Mantelstromtriebwerke PW4060 von 27 216 kp (266,9 kN), zwei CF6-80C2 oder zwei Rolls-Royce RB.211-524D4D von je 27 896 kp (273,5 kN) Standschub vorgesehen. Boeing erwägt zurzeit eine nochmals um 3,00 m verlängerte Version, die Boeing 767-400 mit einer Reichweite von 8520 bis 9640 km. Die maximale Passagierzuladung könnte um 28 Personen erhöht und das maximale Startgewicht nochmals gesteigert werden.
Hersteller: The Boeing Company, Commercial Airplane Company, Everett, Washington, USA.

BOEING 767-300

Abmessungen: Spannweite 47,60 m, Länge 54,94 m, Höhe 15,85 m, Flügelfläche 283,3 m².

BOEING E-3 SENTRY

Ursprungsland: USA.
Kategorie: Frühwarnflugzeug und fliegende Kommandozentrale.
Triebwerke: Vier Mantelstromtriebwerke Pratt & Whitney TF33-PW-100A von je 9525 kp (93,4 kN) Standschub.
Leistungen (bei max. Startgewicht): Durchschnittliche Reisegeschwindigkeit 771 km/h auf 8000 m bis 12 200 m; durchschnittliche Arbeitsgeschwindigkeit 605 km/h auf 8840 m; Aufenthaltsdauer im Zielgebiet, 1850 km vom Stützpunkt entfernt, 6 Std. ohne Flugbetankung; Überführungsreichweite mit vier Mann Besatzung 8100 km bei einer Geschwindigkeit von 764 km/h.
Gewichte: Leer 77 238 kg; normal beladen 97 206 kg; max. Startgewicht 147 420 kg.
Zuladung: 17 Mann Besatzung, bestehend aus vier Mann Cockpitbesatzung, vier Mann technischem Bedienungspersonal, einem militärischen Einsatzleiter sowie dessen achtköpfigem Kommandoteam.
Entwicklungsstand: Das erste von zwei EC-137D-Versuchsflugzeugen startete am 9. Februar 1972 zu seinem Jungfernflug, gefolgt 1975 von zwei Serienflugzeugen E-3A. Die ersten 24 Serienmaschinen E-3A wurden inzwischen zu E-3B umgebaut und die restlichen zehn Maschinen entsprachen von Anfang an dem E-3C-Standard. Anschliessend erhielt die NATO 18 E-3A (ähnlich dem E-3C-Standard). Fünf mit CFM56-Triebwerken ausgerüstete E-3 gingen zwischen August 1985 und März 1987 an Saudi-Arabien, weitere sieben Maschinen sind für Grossbritannien als Nimrod-Ersatz im Bau und als vorläufig letzter Besteller ist Frankreich aufgetreten, welches vier AWACS erhalten wird.
Bemerkungen: Die Unterschiede zwischen der E-3A und der E-3B liegen in der zusätzlichen Ausrüstung, dem JTIDS-System (Joint Tactical Information Distribution System), ECM-resistenter Funkanlage, zusätzlichen KW- und UKW-Radios, einfachen Marineüberwachungsgeräten und zusätzlichen Lagekonsolen. Die E-3C besitzt den grössten Teil dieser Ergänzungen serienmässig von Anfang an. Oben abgebildet ist eine mit CFM56-Triebwerken versehene E-3, bestimmt für Saudi-Arabien.
Hersteller: The Boeing Company, Boeing Aerospace Company, Kent, Washington, USA.

BOEING E-3 SENTRY

Abmessungen: Spannweite 44,42 m, Länge 46,61 m, Höhe 12,93 m, Flügelfläche 268,67 m².

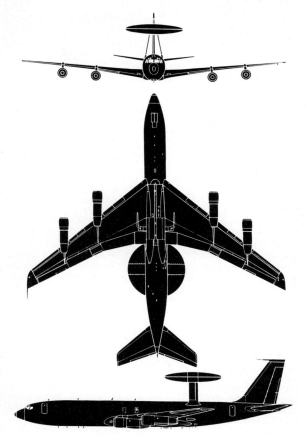

BRITISH AEROSPACE 125-800

Ursprungsland: Grossbritannien.
Kategorie: Firmenflugzeug.
Triebwerke: Zwei Mantelstromtriebwerke Garrett TFE731-5R-1H von je 1950 kp (19,1 kN) Standschub.
Leistungen: Max. Reisegeschwindigkeit 858 km/h auf 8840 m; ökonom. Reisegeschwindigkeit 741 km/h auf 11 900 m bis 13 100 m; Reichweite mit max. Nutzlast 5318 km; max. Reichweite inkl. VRF-Reserven 5560 km.
Gewichte: Rüstgewicht 6858 kg; max. Startgewicht 12 430 kg.
Zuladung: Zwei Piloten plus Klappsitz für drittes Besatzungsmitglied. Normale Innenausstattung für acht Passagiere, max. Passagierkapazität 14 Personen.
Entwicklungsstand: Der Prototyp der Serie 800 flog erstmals am 26. Mai 1983. Erhalt der Typenzulassung im Mai 1984. Im Januar 1988 lag der Bestellungseingang bei mehr als 100 Flugzeugen der Serie 800; die monatliche Produktion betrug zwei Einheiten. Die sechshundertste BAe 125 ging im Frühjahr 1985 als Firmenflugzeug an Gillette (USA). Von den früheren Versionen verkaufte British Aerospace insgesamt 573 Einheiten, darunter 215 der Vorgängerin BAe 125-700.
Bemerkungen: Die BAe 125-800 ist eine stark überarbeitete Weiterentwicklung des Vorläufers BAe 125-700 (siehe Ausgabe 1982) mit stärkeren Triebwerken, neuen Flügeln mit grösserer Spannweite, neuen Querrudern, modernerem Cockpit und zusätzlichem Treibstofftank unter dem Rumpfheck. Im Laufe von 1986 kamen ein zusätzliches Gepäckabteil im Rumpfheck und, auf Wunsch, Schubumkehrklappen hinzu. Die Schweizerische Rettungsflugwacht (REGA) hat im September 1987 zwei BAe 125-800 Ambulanzjets als Ersatz für die Learjet erhalten. Wie üblich ist die Version 800A für Nordamerika, die 800B für alle anderen Länder bestimmt.
Hersteller: British Aerospace PLC, Civil Aircraft Division, Hatfield, Hertfordshire, Grossbritannien.

BRITISH AEROSPACE 125-800

Abmessungen: Spannweite 15,66 m, Länge 15,59 m, Höhe 5,37 m, Flügelfläche 32,75 m².

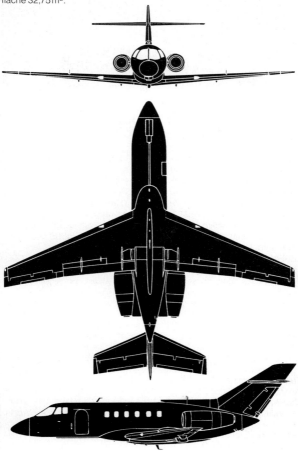

BRITISH AEROSPACE 146-300

Ursprungsland: Grossbritannien.
Kategorie: Regionalverkehrsflugzeug.
Triebwerke: Vier Mantelstromtriebwerke Avco Lycoming ALF 502R-5 von je 3161 kp (31 kN) Standschub.
Leistungen: Max. Reisegeschwindigkeit 784 km/h auf 7315 m; ökonom. Reisegeschwindigkeit 707 km/h auf 9150 m; Reichweite mit 100 Passagieren und Reserven für 278 km plus 45 Min. auf 1525 m 2020 km bei Langstrecken-Reisegeschwindigkeit, mit Zusatztanks und 8367 kg Nutzlast 3467 km.
Gewichte: Rüstgewicht 24 494 kg; max. Startgewicht 43 092 kg.
Zuladung: .Zwei Piloten und 110 Passagiere in Sechserreihen oder 100 Passagiere in Fünferreihen. Bei gemischten Klassen typischerweise 35 Businesskklass- und 65 Economyklassepassagiere oder 10 Erstklass- und 84 Economyklassepassagiere.
Entwicklungsstand: Der Erstflug des aerodynamischen Prototyps (umgebauter Prototyp der Serie 100) fand am 1. Mai 1987 statt, mit Beginn der Ablieferungen (an Air Wisconsin) im letzten Quartal von 1988. Im Dezember 1987 verfügte BAe über insgesamt 103 Aufträge für die verschiedenen Versionen der BAe 146. Davon waren rund 90 bereits ausgeliefert, die Produktionsrate wird gegenwärtig von 2 auf 3,3 Flugzeuge monatlich angehoben.
Bemerkungen: Die Serie 300 der BAe 146 unterscheidet sich von der bisher produzierten Serie 200 hauptsächlich durch den um 2,39 m längeren Rumpf, welcher durch Modifikation der Rumpfspanten auch in den Innenabmessungen etwas geräumiger wurde. Von der Serie 300 ist eine Frachtausführung, die BAe 146-QT (Quiet Trader), projektiert.
Hersteller: British Aerospace PLC, Civil Aircraft Division, Hatfield, Hertfordshire, Grossbritiannien.

BRITISH AEROSPACE 146-300

Abmessungen: Spannweite 26,34 m, Länge 30,99 m, Höhe 8,61 m, Flügelfläche 77,30 m².

BRITISH AEROSPACE ATP

Ursprungsland: Grossbritannien.
Kategorie: Regionalverkehrsflugzeug.
Triebwerke: Zwei Propellerturbinen Pratt & Whitney Canada PW124 von je 2400 WPS (1790 kW) oder PW125 von je 2570 WPS (1916,7 kW) Startleistung.
Leistungen: Max. Reisegeschwindigkeit 492 km/h auf 4670 m; ökonom. Reisegeschwindigkeit 485 km/h auf 5485 m; typische Anfangssteiggeschwindigkeit 6,96 m/Sek; max. Reiseflughöhe 7600 m; Reichweite mit max. Nutzlast bei ökonom. Reisegeschwindigkeit 1965 km, mit 64 Passagieren 1825 km; max. Reichweite mit 3629 kg Nutzlast 3443 km inkl. Reserven.
Gewichte: Typisches Rüstgewicht 13 594 kg; max. Startgewicht 22 453 kg.
Zuladung: Zwei Piloten und Standard-Innenausstattung für 64 Passagiere in Viererreihen, maximal 72 Passagiere.
Entwicklungsstand: Erstflug des ersten Prototyps am 6. August 1986, des zweiten am 20. Februar 1987. Zulassung und Beginn der Ablieferungen im Frühjahr 1988. Bisher hat British Aerospace 14 feste Bestellungen und Optionen für die ATP erhalten.
Bemerkungen: ATP bedeutet **A**dvanced **T**urbo**P**rop, d.h. «fortgeschrittener Turboprop». Dabei handelt es sich um eine gestreckte und modernisierte Weiterentwicklung der BAe 748. Auffallend sind der lange Rumpf, das gepfeilte Seitenleitwerk, neue Fenster und Türen sowie die geänderten Konturen von Rumpfnase und Triebwerkverschalungen. Zudem besitzt die ATP Sechsblattpropeller, welche langsamer drehen und deshalb weniger Lärm erzeugen. Die ATP ist das einzige Regionalflugzeug der neuen Generation, welches für Fluggastbrücken geeignet ist. Alle für die Gesellschaft Wings West bestimmten ATP's sind für 68 (statt 64) Passagiere ausgelegt.
Hersteller: British Aerospace PLC, Civil Aircraft Division, Woodford, Cheshire, Grossbritannien.

BRITISH AEROSPACE ATP

Abmessungen: Spannweite 30,63 m, Länge 26,01 m, Höhe 7,14 m, Flügelfläche 78,30 m².

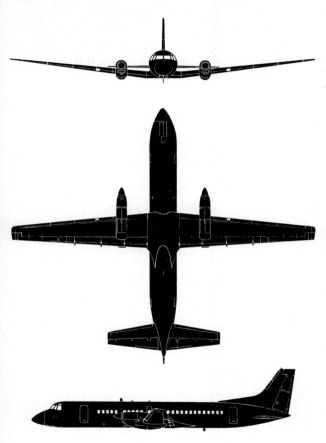

BRITISH AEROSPACE EAP

Ursprungsland: Grossbritannien.
Kategorie: Einsitziges, experimentelles Jagdflugzeug.
Triebwerke: Zwei Mantelstromtriebwerke Turbo-Union RB199-34R Mk.104D von schätzungsweise je 4082 kp (40 kN) Standschub ohne und 7711 kp (75,6 kN) mit Nachbrenner.
Leistungen (geschätzt): Höchstgeschwindigkeit 2124 km/h bzw. Mach 2,0 oberhalb 11 000 m. Keine weiteren Angaben erhältlich.
Gewichte: Leer ca. 10 000 kg; normales Fluggewicht ohne Aussenlasten ca. 14 500 kg.
Bewaffnung: Vier Luft-Luft-Lenkwaffen BAe Sky Flash, wovon zwei unter dem Rumpf und zwei unter den Flügelwurzeln, sowie zwei Luft-Luft-Lenkwaffen AIM-9L Sidewinder an den Flügelspitzen.
Entwicklungsstand: Erstflugzeug des Prototyps am 8. August 1986.
Bemerkungen: Mit dem EAP (Experimental Aircraft Programme) sollen drei neue Technologien erprobt werden, welche für das geplante EFA (European Fighter Aircraft) entwickelt wurden. Diese Technologien sind: Moderne Konstruktionsmethoden einschliesslich faserverstärkte Kunststoffe, künstliche Stabilität und elektrische, computerunterstützte Steuerung sowie eine Cockpitausstattung mit Bildschirm- und Digitalanzeigen. Grossbritannien, die Bundesrepublik, Italien und Spanien teilen sich gemeinsam in Projektierung (und später den Bau) des neuen europäischen Kampfflugzeuges für die neunziger Jahre. Das EFA wird grosse Ähnlichkeit mit dem EAP besitzen, aber etwas kleiner und leichter sein (Leergewicht ca. 9500 kg, Spannweite 10,50 m, Flügelfläche ca. 50,00 m^2). Das EAP wird nun doch nicht für Waffenversuche verwendet, obschon die entsprechenden Bewaffnungsmöglichkeiten vorhanden sind. Bis Anfang 1987 konnte die BAe 52 Flüge absolvieren, anschliessend wurde das Steuersystem modifiziert, um grössere Anstellwinkel im Langsamflug verkraften zu können.
Hersteller: British Aerospace PLC, Warton Division, Warton, Preston, Lancashire, Grossbritannien.

BRITISH AEROSPACE EAP

Abmessungen: Spannweite 11,17 m, Länge 14,70 m, Höhe 5,52 m, Flügelfläche 52,00 m².

BRITISH AEROSPACE HARRIER GR MK.5

Ursprungsland: Grossbritannien.
Kategorie: Einsitziges V/STOL-Erdkampfflugzeug und taktischer Aufklärer.
Triebwerke: Ein Schwenkdüsen-Mantelstromtriebwerk Rolls-Royce Pegasus Mk.105 von 9607 kp (94,2 kN) Standschub kurzfristig, bzw. 8505 kp (83,4 kN) kontinuierlich.
Leistungen: Höchstgeschwindigkeit ohne Aussenlasten 1041 km/h oder Mach 0,85 auf Meereshöhe, bzw. 966 km/h oder Mach 0,91 auf 10970 m; taktischer Einsatzradius mit sieben Mk.82-Bomben, 25-mm-Kanone und zwei 1136-l-Zusatztanks 889 km (Einsatzprofil hoch-tief-hoch); Überführungsreichweite mit vier 1136-l-Zusatztanks unter den Flügeln 3927 km.
Gewichte: Rüstgewicht 6258 kg; max. Startgewicht für Senkrechtstart 8598 kg, für Kurzstart 13495 kg.
Bewaffnung: Zwei 25-mm-Aden-Kanonen und bis zu 4173 kg Aussenlasten, verteilt unter sechs Flügelstationen und einen zentralen Rumpfpylon.
Entwicklungsstand: Das erste von zwei Entwicklungsflugzeugen fliegt seit dem 30. April 1985. Ablieferungsbeginn der 96 bisher von der britischen Royal Air Force bestellten Maschinen 1987, mit Indienststellung ab 1. Juli desselben Jahres.
Bemerkungen: Die Harrier GR Mk.5 ist das britische Gegenstück zur McDonnell Douglas AV-8B Harrier II (siehe Ausgabe 1985) des US Marine Corps. British Aerospace und McDonnell Douglas teilen sich hälftig in die Herstellung der GR Mk.5 und im Verhältnis 40:60 im Falle der AV-8B. Das US Marine Corps hat einen Bedarf von 328 Harrier II, worunter 28 zweisitzige Trainer TAV-8B (siehe Seiten 158/159). Zwölf weitere EAV-8B sind für Spaniens Marine in Ablieferung. Die amerikanische Version AV-8B ist mit einer einzigen, fünfläufigen 25-mm-Kanone ausgerüstet. McDonnell Douglas und British Aerospace entwickeln zurzeit eine stärkere und verbesserte Ausführung, die Harrier III oder Super Harrier, bestimmt für den Einsatz ab 1992. Ab 1990 soll eine nachteinsatzfähige Ausführung, die GR Mk.7, verfügbar sein.
Hersteller: McDonnell Douglas Corp., St. Louis, Missouri, USA, und British Aerospace PLC, Kingston-upon-Thames, Surrey, Grossbritannien.

BRITISH AEROSPACE HARRIER GR MK.5

Abmessungen: Spannweite 9,24 m, Länge 14,12 m, Höhe 3,55 m, Flügelfläche 21,37 m².

BRITISH AEROSPACE HAWK 100

Ursprungsland: Grossbritannien.
Kategorie: Zweisitziger Fortgeschrittenentrainer und leichter Erdkämpfer.
Triebwerke: Ein Mantelstromtriebwerk Rolls-Royce Turboméca Adour 871 von 2650 kp (26 kN) Standschub.
Leistungen: Höchstgeschwindigkeit 1037 km/h auf Meereshöhe; ökonom. Reisegeschwindigkeit 796 km/h auf 12 500 m; Einsatzradius (Einsatzprofil hoch-tief-hoch) 1223 km mit zwei 453,6-kg-Bomben oder 509 km mit sieben 453,6-kg-Bomben.
Gewichte: Leer 3855 kg; max. Startgewicht 8570 kg.
Bewaffnung: Maximal 3265 kg Aussenlasten, verteilt auf fünf Aufhängepunkte.
Entwicklungsstand: Erstflug des aerodynamischen Prototyps (umgebautes Werkflugzeug Hawk 60) im Oktober 1987.
Bemerkungen: Die Hawk 100 ist eine Weiterentwicklung des Basis- und Fortgeschrittenentrainers Hawk (siehe Ausgabe 1985) und hat mit der einsitzigen Hawk 200 (siehe Seiten 56/57) das Triebwerk Adour 871 gemeinsam, welches das 2359 kp (23,1 kN) leistende Adour 151 der Hawk T.Mk.1 der RAF bzw. das Adour 861 der Export-Hawk 50 und 60 ersetzt. Äusserlich ist die Hawk 100 an der neuen, längeren Rumpfnase, enthaltend einen Laser-Entfernungsmesser sowie Infrarot- und Waffenleitgeräte, erkennbar. Auch die einsitzige Hawk 200 lässt sich damit ausrüsten. Zudem besitzt die Hawk 100 eine moderne Waffenleitelektronik mit Headup-Display, eine neuzeitliche Cockpitausrüstung sowie die Fähigkeit, einen ECM-Behälter mitzuführen. Für die US Navy entwarf British Aerospace in Zuammenarbeit mit McDonnell Douglas die T-45A Goshawk; sie fliegt seit dem 16. April 1988 und soll in insgesamt 302 Exemplaren gebaut werden (siehe Seiten 154–155).
Hersteller: British Aerospace PLC, Weybridge Division, Kingston-upon-Thames, Surrey, Grossbritannien.

BRITISH AEROSPACE HAWK 100

Abmessungen: Spannweite 9,39 m, Länge 12,04 m, Höhe 4,15 m, Flügelfläche 16,69 m².

BRITISH AEROSPACE HAWK 200

Ursprungsland: Grossbritannien.
Kategorie: Einsitziges Mehrzweckkampfflugzeug.
Triebwerke: Ein Mantelstromtriebwerk Rolls-Royce Turboméca Adour 871 von 2650 kp (26 kN) Standschub.
Leistungen: Höchstgeschwindigkeit 1037 km/h (Mach 0,87); Dienstgipfelhöhe 15240 m; taktischer Einsatzradius (Erdkampfunterstützung im Tiefflug) 322 km mit acht 227-kg-Bomben, bzw. 193 km mit fünf 454-kg-Bomben und vier 227-kg-Bomben (Einsatzprofil hoch-tief-hoch); Einsatzradius mit 1360 kg Waffenlasten 1073 km; Überführungsreichweite mit zwei 860-l- und ein 590-l-Zusatztank 3606 km.
Gewichte: Leer 4127 kg; max. Startgewicht 8618 kg.
Bewaffnung: Zwei 25-mm-Aden- oder zwei 27-mm-Mauser-Kanonen und maximal 3493 kg externe Waffenlasten, verteilt auf vier Flügel- und eine Rumpfstation.
Entwicklungsstand: Erstflug des Prototyps am 19. Mai 1986. Nach dessen Absturz am 2. Juli wird das Erprobungsprogramm vom ersten Serienflugzeug bestritten, welches am 24. April 1987 erstmals zum Fliegen kam.
Bemerkungen: Die Hawk 200 ist eine spezialisierte Erdkampf- und Mehrzweckversion des zweisitzigen Basis- und Fortgeschrittenentrainers Hawk (siehe Seiten 54/55) und vereinigt in sich die für die Hawk 100 geleistete Entwicklungsarbeit (zweisitzige Kampfversion) und damit auch 80% aller Bauteile des Doppelsitzers. Die Instrumentierung und Cockpitausrüstung umfasst eine Inertial-Navigationsanlage, ein Head-Up Display (Sichtfeld-Anzeigegerät), einen Laser-Entfernungsmesser und ein computerisiertes Feuerleitgerät. Als Einsatzzwecke sind Luftraumverteidigung, Erdkampf und Bekämpfung von Kriegsschiffen vorgesehen. In Verbindung mit modernen Lenkwaffen (z.B. Sea Eagle) könnte auch ein Mehrzweck-Radar eingebaut werden.
Hersteller: British Aerospace PLC, Weybridge Division, Kingston-upon-Thames, Surrey, Grossbritannien.

BRITISH AEROSPACE HAWK 200

Abmessungen: Spannweite 9,39 m, Länge 11,30 m, Höhe 4,15 m, Flügelfläche 16,69 m².

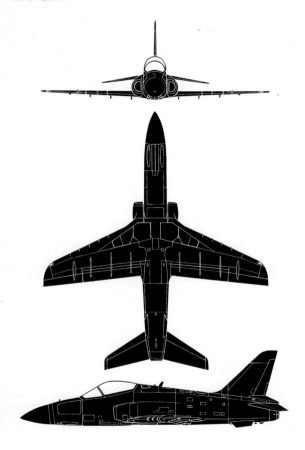

BRITISH AEROSPACE JETSTREAM 31

Ursprungsland: Grossbritannien.
Kategorie: Regionalverkehrs- und Firmenflugzeug.
Triebwerke: Zwei Propellerturbinen Garrett TPE331-10 von je 940 WPS (671,5 kW) Leistung.
Leistungen: Max. Reisegeschwindigkeit 482 km/h auf 6100 m; normale Reisegeschwindigkeit 426 km/h auf 7620 m; Anfangssteiggeschwindigkeit 11,2 m/Sek; max. Reichweite mit 19 Passagieren und IFR-Reserven 1186 km, mit 12 Passagieren 1760 km und mit 9 Passagieren 2130 km.
Gewichte: Rüstgewicht 4360 kg; max. Startgewicht 6950 kg.
Zuladung: Zwei Piloten und acht bis zehn Passagiere als Firmenflugzeug, 12 bis 18 Passagiere als Regionalverkehrsflugzeug. Maximal 19 Passagiere.
Entwicklungsstand: Die erste Jetstream 31 startete am 18. März 1982 zu ihrem Erstflug, und die erste Kundenlieferung erfolgte am 15. Dezember 1982 an Contactair, Stuttgart. Bereits zwei Jahre früher hatten British Aerospace mit Hilfe eines aus einer Jetstream 1 umgebauten Entwicklungsflugzeugs an der Jetstream 31 gearbeitet. Anfangs 1988 verzeichnete British Aerospace Vertragsabschlüsse für 194 Flugzeuge, worunter 80 Optionen. Die Produktionsrate betrug vier Flugzeuge im Monat.
Bemerkungen: Die Jetstream 31 ist eine Weiterentwicklung der Handley Page H.P.137 Jetstream, deren erster Prototyp bereits am 18. August 1967 seinen Erstflug absolvierte. Abgesehen von den vier von der Royal Navy als Beobachtungstrainer T-Mk.3 in Auftrag gegebenen Flugzeuge und zwei Systemtrainern für Saudi-Arabien (siehe Abbildung) entsprechen alle gebauten Jetstreams 31 der Standardausführung der Regionalversion «Commuter». Zu Beginn 1987 befand sich eine gestreckte Ausführung für 24 bis 27 Passagiere, die Jetstream 41, in Entwicklung, die stärkere Ausführung Super 31, mit zwei TPE331-12-Triebwerken von je 1020 WPS (760,7 kW) Leistung, in Einführung.
Hersteller: British Aerospace, Civil Aircraft Division, Prestwick Airport, Ayrshire, Grossbritannien.

BRITISH AEROSPACE JETSTREAM 31

Abmessungen: Spannweite 15,85 m, Länge 14,37 m, Höhe 5,37 m, Flügelfläche 25,08 m².

BRITISH AEROSPACE SEA HARRIER FRS MK.2

Ursprungsland: Grossbritannien.
Kategorie: Einsitziges V/STOL-Marinekampfflugzeug.
Triebwerke: Ein Schwenkdüsen-Mantelstromtriebwerk Rolls-Royce Pegasus 104 von 9760 kp (95,7 kN) Standschub.
Leistungen: Höchstgeschwindigkeit 1160 km/h auf 300 m (Mach 0,95), 977 km/h auf 10 975 m (Mach 0,92) oder 962 km/h auf Meereshöhe (Mach 0,83) mit je zwei Lenkwaffen Martel und AIM-9L Sidewinder; Einsatzradius (Abfangjagd mit 3 Min. Luftkampf) 750 km, bzw. (Erdkampf) 463 km.
Gewichte: Ungefähres Rüstgewicht 6577 kg; max. Startgewicht 12 020 kg.
Bewaffnung: Behälter mit je zwei 25-mm- oder 30-mm-Kanonen oder AIM-120 Luft-Luft-Lenkwaffen unter dem Rumpf, plus Flügelstationen für Freifall- oder verzögerte 453,6-kg-Bomben, Matra 115/116 68-mm-Raketenwerfer, AIM-9L-, AIM-120-, Magic- oder Sea-Eagle-Lenkwaffen.
Entwicklungsstand: Geplanter Erstflug der Sea Harrier FRS Mk-2 Anfang 1988 mit anschliessendem Modifikationsprogramm für 30 FRS Mk.1 der Royal Navy.
Bemerkungen: .Bestimmt für den Fronteinsatz ab 1989 ist die Sea Harrier FRS Mk.2 fähig, mehrere tieffliegende Ziele jenseits der Sichtweite des Piloten gleichzeitig zu bekämpfen. Dazu ist primär der Ersatz des Radars durch ein Dopplerradar Blue Vixen notwendig, ergänzt durch entsprechende Bewaffnungsmöglichkeit (Mittelstrecken-Luft-Luft-Lenkwaffe AIM-120). Das Cockpitinnere wurde komplett überarbeitet.
Hersteller: British Aerospace PLC, Weybridge Division, Kingston-upon-Thames, Surrey, Grossbritannien.

BRITISH AEROSPACE SEA HARRIER FRS MK.2

Abmessungen: Spannweite 8,31 m, Länge 14,10 m, Höhe 3,71 m, Flügelfläche 18,68 m².

BROMON BR-2000

Ursprungsland: USA.
Kategorie: Leichter Mehrzwecktransporter.
Triebwerke: Zwei Propellerturbinen General Electric CT7-9B von je 1870 WPS (1394,6 kW) Leistung.
Leistungen (geschätzt): Max. Reisegeschwindigkeit 415 km/h; normale Reisegeschwindigkeit 389 km/h; max. Anfangssteiggeschwindigkeit 9,1 m/Sek; Dienstgipfelhöhe 7620 m; Reichweite mit 4082 kg Nutzlast 1850 km; max. Reichweite mit 2656 kg Nutzlast 3890 km; Überführungsreichweite 4265 km.
Gewichte: Leer 6600 kg; max. Startgewicht 13495 kg.
Zuladung: Zwei Mann Besatzung und bis zu 46 Passagiere in Viererreihen mit Mittelgang oder, als Militärtransporter, maximal 50 Soldaten, 35 Fallschirmspringer oder drei Standardpaletten 463L.
Entwicklungsstand: Geplanter Beginn des Testflugprogramms mit drei Prototypen Ende 1988, mit Beginn der Auslieferungen und Erteilung der Zulassung im März 1989.
Bemerkungen: Als nicht-druckbelüftetes, robustes Mehrzweckflugzeug mit betont einfach gehaltenem Aufbau in konventioneller Leichtmetallkonstruktion, entstand die Bromon BR-2000 speziell für den Einsatz in unterentwickelten Gebieten der Erde. Sie kommt mit minimalem Unterhalt aus und lässt sich von unbefestigten Pisten aus einsetzen. Als Verwendungszwecke sind vorgesehen: Zivile und militärische Transporte, Grenzpolizeieinsätze, Forstbeobachtungsflüge und Rettungsaufgaben (bis zu 36 Patienten lassen sich auf Bahren transportieren). In jedem der beiden Flügel sind drei Aufhängepunkte für Aussenlasten vorgesehen. Eine spezielle Innenausstattung wird ein kurzfristiges Umstellen von Frachttransport auf Passagierbeförderung und umgekehrt erlauben und daher der BR-2000 aussergewöhnliche Flexibilität im Einsatz ermöglichen.
Hersteller: Bromon Aircraft Company, Las Vegas, Nevada, USA.

BROMON BR-2000

Abmessungen: Spannweite 25,09 m, Länge 23,49 m, Höhe 8,43.

CANADAIR CL-215T

Ursprungsland: Kanada.
Kategorie: Mehrzweck-Amphibium.
Triebwerke: Zwei Propellerturbinen Pratt & Whitney PW 123 AF von je 2380 WPS (1774,5 kW) Leistung.
Leistungen (geschätzt): Max. Reisegeschwindigkeit 356 km/h auf 1525 m; max. Anfangssteiggeschwindigkeit 6,2 m/Sek; Überführungsreichweite mit 884 kg Nutzlast 2082 km.
Gewichte: Rüstgewicht als Wasserbomber 11 975 kg; Startgewicht 17 100 kg; max. Startgewicht als Wasserbomber 19 890 kg.
Zuladung: Zwei Mann Besatzung und, als Transporter, bis zu 26 Passagiere. Maximale Nutzlast von 4790 kg in Mehrzweckkonfiguration, 6123 kg als Wasserbomber.
Entwicklungsstand: Erstflug des ersten von zwei CL-215T-Prototypen (modifizierte CL-215) voraussichtlich im Dezember 1988, mit Zertifizierung im November 1989. Die ersten Serienflugzeuge sollen ab erstem Quartal 1990 zur Auslieferung gelangen.
Bemerkungen: Die CL-215T ist eine modifizierte turbopropgetriebene Ausführung des Basismodells CL-215 (siehe Ausgabe 1987), wovon zu Beginn 1988 über 100 Exemplare (von 111 fest bestellten Maschinen) ausgeliefert waren. Die Produktionsziffer beträgt zurzeit eine CL-215 monatlich. Voraussichtlich wird die CL-215T die CL-215 in der Produktion ablösen. Sie besitzt neben neuen Triebwerken ein verbessertes Wassertanksystem, bestehend aus vier Tanks grösserer Kapazität, sowie Servosteuerung, Druckbetankung und Cockpitklimatisierung. Kolbenmotorbetriebene CL-215 können in die neue Version umgebaut werden.
Hersteller: Canadair Limited, Cartierville Airport, St. Laurent, Montreal, Kanada.

CANADAIR CL-215T

Abmessungen: Spannweite 28,60 m, Länge 19,82 m, Höhe (an Land) 8,98 m, Flügelfläche 100,33 m².

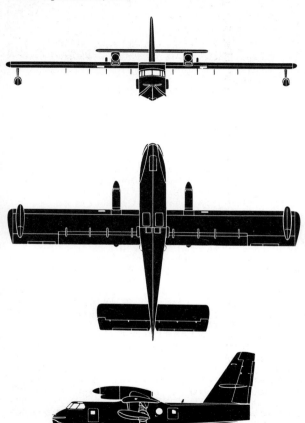

CANADAIR CHALLENGER 601-3A

Ursprungsland: Kanada.
Kategorie: Firmenflugzeug.
Triebwerke: Zwei Mantelstromtriebwerke General Electric CF34-3A von je 4146 kp (40,65 kN) Standschub.
Leistungen: Max. Reisegeschwindigkeit 815 km/h oder Mach 0,8; normale Reisegeschwindigkeit 819 km/h oder Mach 0,77; Langstrecken-Reisegeschwindigkeit 786 km/h oder Mach 0,74; Dienstgipfelhöhe 12500 m; Reichweite mit fünf Passagieren und IFR-Reserven 6352 km; max. Reichweite (Langstreckenausführung ab 1988) 6671 km.
Gewichte: Leer 11 197 kg; max. Startgewicht 19 550 kg. Langstreckenausführung: Leer 11 288 kg; max. Startgewicht 20 230 kg.
Zuladung: Zwei Piloten und, je nach Innenausstattung, bis zu 19 Passagiere.
Entwicklungsstand: Die erste Challenger 601 fliegt seit dem 10. April 1982, die erste 601-3A seit dem 28. September 1986. Anfangs 1988 waren 163 Challenger aller Modelle geliefert, einschliesslich 17 Challenger 601-3A, von welcher monatlich anderthalb Maschinen hergestellt werden. Die neue Challenger 601-3A erhielt am 21. April 1987 ihre Musterzulassung in Kanada und am 30. April in den USA. Die ersten Kundenlieferungen erfolgten am 6. Mai 1987.
Bemerkungen: Die Challenger 601-3A ist die neuste Version des Basismodells Challenger 601, der Interkontinentalausführung der Challenger 600. Der Hauptunterschied liegt in den Triebwerken (die Challenger 600 besitzt zwei Avco Lycoming ALF 502L von je 3402 kp, bzw. 33,36 kN Standschub). Die Produktion der 600 lief Mitte 1983 aus. Die Entwicklung eines neues Regionalverkehrsflugzeugs für 48 Passagiere wurde anfangs 1988 definitiv beschlossen. Das Flugzeug erhält primär einen um 5,7 m gestreckten Rumpf und wird vollbeladen bei einer Reisegeschwindigkeit von 785 km/h eine Reichweite von 1610 km aufweisen.
Hersteller: Canadair Limited, Cartierville Airport, St. Laurent, Montreal, Kanada.

CANADAIR CHALLENGER 601-3A

Abmessungen: Spannweite 19,61 m, Länge 20,85 m, Höhe 6,30 m, Flügelfläche 41,82 m².

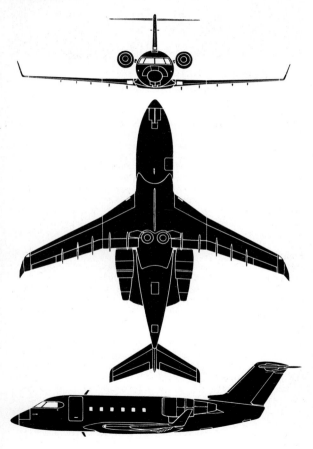

CASA C-101DD AVIOJET

Ursprungsland: Spanien.
Kategorie: Zweisitziger Basis- und Fortgeschrittenentrainer und leichtes Erdkampfflugzeug.
Triebwerke: Ein Mantelstromtriebwerk Garrett TFE731-5-1J von 2130 kp (20,9 kN) Standschub.
Leistungen: Höchstgeschwindigkeit 834 km/h auf 4570 m, bzw. 805 km/h auf Meereshöhe; Anfangssteiggeschwindigkeit 31 m/Sek; Steigzeit auf 7620 m 6,5 Min; taktischer Einsatzradius mit Kanone und vier 250-kg-Bomben, inkl. 7 % Reserven, 519 km (Einsatzprofil tief-tief-tief); Überführungsreichweite inkl. 30 Min. Reserven 3706 km.
Gewichte: Beladen (als Trainer) 4570 kg; max. Startgewicht 6300 kg.
Bewaffnung: Eine 30-mm-Kanone in externem Behälter unter dem Rumpf und bis zu 1815 kg Waffenlasten, verteilt auf sechs Flügelstationen.
Entwicklungsstand: Die CASA C-101DD befindet sich seit dem 20. Mai 1985 in der Flugerprobung. Erstflug des ersten von vier Prototypen der Aviojet am 29. Juni 1977. Seither lieferte CASA folgende Stückzahlen der Aviojet: Spanische Luftwaffe 88 (C-101EB), Honduras 4 (C-101BB), Jordanien 16 (C-101CC) und Chile 17 C-101BB und 20 C-101CC, wovon bis auf die fünf ersten Maschinen alle übrigen durch ENAER in Chile aus angelieferten Bauteilen zusammengebaut werden).
Bemerkungen: Die CASA C-101DD ist eine stärkere und moderner ausgerüstete Ausführung der Basisversion C-101 mit Head-Up Display (Sichtfeld-Anzeigegerät), Feuerleitcomputer und Doppler-Geschwindigkeitsmessgerät. Die in Chile durch ENAER montierten Aviojets, in Chile als A-36 Halcón (Falke) bekannt, werden mit der BAeD Sea-Eagle-Lenkwaffe versehen. Sie sollen die Cessna A-37 in den Frontstaffeln der FAC, Chiles Luftwaffe, ersetzen. Ende 1985 hatte ENAER insgesamt 18 Halcóns fertiggestellt. Die Versionen C-101CC und C-101DD können mit einem Aufklärungsbehälter oder einem Laser-Zielbezeichnungsgerät ausgerüstet werden. Zu Beginn 1988 lagen noch keine Aufträge für die C-101DD vor.
Hersteller: CASA (Construcciones Aeronauticas SA), Madrid, Spanien.

CASA C-101DD AVIOJET

Abmessungen: Spannweite 10,60 m, Länge 12,50 m, Höhe 4,25 m, Flügelfläche 20,00 m².

CASA-IPTN CN-235

Ursprungsland: Spanien und Indonesien.
Kategorie: Regionalverkehrsflugzeug und Mehrzwecktransporter.
Triebwerke: Zwei Propellerturbinen General Electric CT7-7A von je 1700 WPS (1268 kN) Leistung.
Leistungen: Max. Reisegeschwindigkeit 452 km/ auf 6100 m; max. Anfangssteiggeschwindigkeit 7,75 m/Sek; Dienstgipfelhöhe 8110 m; Reichweite mit max. Nutzlast und 45 Min. Reserven 600 km auf 6100 m; max. Reichweite mit 45 Min. Reserven 4720 km; Überführungsreichweite 3910 km.
Gewichte: Normales Rüstgewicht 9400 kg; max. Startgewicht 14 400 kg.
Zuladung: Zwei Piloten und Standard-Innenausstattung für 40 oder 44 Passagiere in Viererreihen, in der Kombiversion 18 Passagiere und zwei LD-3-Container, in der Frachtversion vier LD-3-Container oder zwei 2,23 x 3,17 m grosse Paletten. Als Militärtransporter (CN-235M) 48 Soldaten oder Fallschirmjäger, bzw. ein leichtes gepanzertes Fahrzeug zusammen mit 22 Soldaten oder 24 Patienten mit vier Pflegern.
Entwicklungsstand: Der erste Prototyp flog erstmals am 11. November 1983 in Spanien, der zweite am 31. Dezember 1983 in Indonesien, gefolgt vom ersten Serienflugzeug am 19. August 1986 (in Spanien). Beginn der Kundenlieferungen (an Merpati-Nusantara) im folgenden Dezember. Es sind 115 Flugzeuge bestellt (einschliesslich Optionen), und die Produktionsrate betrug zwei Flugzeuge im Monat.
Bemerkungen: Die CN-235 wird in Gemeinschaftsarbeit zwischen der spanischen CASA und der indonesischen IPTN auf der Basis 50:50 hergestellt, wobei die einzelnen Bestandteile jeweils nur von einem Partner hergestellt werden, die Endmontage aber in beiden Werken erfolgt. Die stärkere CT7-9C-Propellerturbine wird ab Ende 1988 serienmässig eingebaut (CN-235-100). Eine grössere Ausführung, die CN-260 für 60 bis 70 Passagiere befindet sich im Projektstadium. Für die Militärausführung CN-235M gingen bisher Bestellungen aus Botswana, Panama und Saudiarabien ein; eine ASW/Marinepatrouillenversion steht für Indonesien im Serienbau.
Hersteller: Airtech, Aircraft Technology Industries, Madrid, Spanien.

CASA-IPTN CN-235

Abmessungen: Spannweite 25,81 m, Länge 21,35 m, Höhe 8,17 m, Flügelfläche 59,10 m².

CESSNA 208 CARAVAN I

Ursprungsland: USA.
Kategorie: Leichter Mehrzwecktransporter.
Triebwerke: Eine Propellerturbine Pratt & Whitney Canada PT6A-114 von 600 WPS (447,7 kW) Leistung.
Leistungen: Max. Reisegeschwindigkeit 341 km/h auf 3050 m; Anfangssteiggeschwindigkeit 6,17 m/Sek; Steigzeit auf 3050 m 9,5 Min; Reichweite inkl. 45 Min. Reserven 2066 km auf 3050 m oder 2539 km auf 6100 m.
Gewichte: Leer 1752 kg; max. Startgewicht 3629 kg.
Zuladung: Ein Pilot und bis zu neun Passagiere in Zweier- oder Dreierreihen oder bis zu 1893 kg Nutzlast. Alternative Innenausstattungen für 10 oder 14 Passagiere sind ebenfalls erhältlich.
Entwicklungsstand: Erstflug der gestreckten Cessna 208B (siehe Dreiseitenriss) am 3. März 1986, mit Beginn der Ablieferungen (an Federal Express) im folgenden Monat. Federal Express bestellte 160 Flugzeuge, wovon allmonatlich vier fertiggestellt werden. Der Entwicklungsprototyp der Cessna 208 fliegt seit dem 9. Dezember 1982. Das Basismodell Cessna 208A war im Februar 1985 ablieferungsbereit und zu Beginn 1988 hatte Cessna rund 190 Flugzeuge beider Ausführungen abgeliefert.
Bemerkungen: Als gestreckte Version der Cessna 208A wurde die 208B speziell auf die Wünsche von Federal Express zugeschnitten (welche Aufträge und Optionen für insgesamt 200 Caravan I plaziert hat). Beide Modelle für Federal Express haben eine fensterlose Kabine und sind mit einem Frachtbehälter unter dem Rumpf ausgerüstet. Die meisten Maschinen für die übrigen Käufer besitzen jedoch normale Kabinenfenster (siehe auch Ausgabe 1986) und sind mit einer Passagierbestuhlung ausgestattet. Obige Daten beziehen sich auf die Basisversion 208A. Die Militärausführung U-27A lässt sich mit einem externen Aufklärungsbehälter, enthaltend Weitwinkelkamera und Infrarotgerät, ausrüsten und vermag während 6,5 Stunden im Zielgebiet zu arbeiten.
Hersteller: Cessna Aircraft Company, Wichita, Kansas, USA.

CESSNA 208 CARAVAN I

Abmessungen: Spannweite 15,88 m, Länge 12,67 m, Höhe 4,33 m, Flügelfläche 25,96 m^2.

CESSNA CITATION V

Ursprungsland: USA.
Kategorie: Leichtes Firmenflugzeug.
Triebwerke: Zwei Mantelstromtriebwerke Pratt & Whitney JT15D-5A von je 1315 kp (12,9 kN) Standschub.
Leistungen: Max. Reisegeschwindigkeit bei einem Fluggewicht von 5897 kg 791 km/h auf 10 060 m; max. Anfangssteiggeschwindigkeit 18,54 m/Sek; Steigzeit auf 12 500 m 24 Min; max. Dienstgipfelhöhe 13 715 m; Reichweite bei ökonom. Fluggeschwindigkeit mit sechs Passagieren und 45 Min. Reserven 3558 km.
Gewichte: Rüstgewicht 5080 kg; max. Startgewicht 7212 kg.
Zuladung: Zwei Mann Besatzung und Standard-Innenausstattung für acht Passagiere.
Entwicklungsstand: Erstflug des Prototyps der Citation V am 18. August 1987, des ersten Vorserienprototyps im Januar 1988. Ablieferung der ersten 35 Serienflugzeuge 1989.
Bemerkungen: Die Citation V ersetzt die Citation S/II (siehe Ausgabe 1984) in der Produktion und unterscheidet sich von dieser durch 16 Prozent stärkere Triebwerke, einen 51 cm längeren Rumpf und 25 Prozent grössere Leitwerksflächen. Die frühere Citation S/II befindet sich u.a. auch bei der US Navy als Radartrainer unter der Bezeichnung T-47A im Einsatz.
Hersteller: Cessna Aircraft Company, Wichita, Kansas, USA.

CESSNA CITATION V

Abmessungen: Spannweite 15,90 m, Länge 14,84 m, Höhe 4,57 m, Flügelfläche 31,83 m².

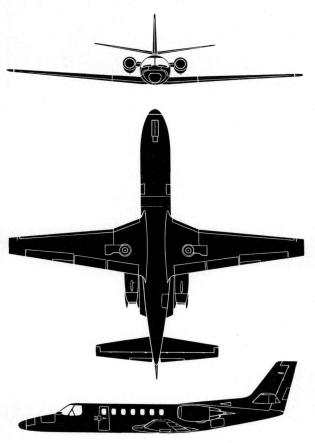

CLAUDIUS DORNIER SEASTAR

Ursprungsland: Bundesrepublik Deutschland.
Kategorie: Leichtes Mehrzweckamphibium.
Triebwerke: Zwei Propellerturbinen Pratt & Whitney Canada PT6A-112 von je 500 WPS (373 kN) Leistung.
Leistungen (bei einem Fluggewicht von 4000 kg): Max. Reisegeschwindigkeit 341 km/h auf 3050 m; Anfangssteiggeschwindigkeit 8,6 m/Sek; Dienstgipfelhöhe 8600 m; Reichweite mit 12 Passagieren, inkl. 10% Reserven, 555 km, mit 450 kg Nutzlast 1540 km; Überführungsreichweite 1850 km.
Gewichte: Leer 2400 kg; max. Startgewicht 4200 kg.
Zuladung: Zwei Piloten und bis zu 12 Passagiere oder als Ambulanzflugzeug fünf Patienten und zwei Pfleger.
Entwicklungsstand: Jungfernflug des Prototyps am 17. August 1984, des stark modifizierten ersten Serienflugzeugs am 24. April 1987, mit Erteilung der Zulassung Ende 1988. Geplante Ablieferung der ersten Serienmaschine ab 1990. Zu Beginn 1988 verfügte Claudius Dornier über 23 Optionen auf die Seastar.
Bemerkungen: Die Zelle ist weitgehend in glasfaser- und graphitverstärktem Epoxydharz aufgebaut und damit sehr korrosionsbeständig gegen Meerwasser. Ohne Spezialausrüstung kann die Seastar von Graspisten, vom Wasser und von Schnee- oder Eisflächen aus eingesetzt werden. Als Marineüberwachungs- und Seenot-Rettungsflugzeug könnte die Seastar mit einem stillgelegten Triebwerk acht Stunden auf Station bleiben, dazu käme ihr ihre Unabhängigkeit von befestigten Pisten und Flugplätzen sehr zustatten. Die Flugversuche machten einige Änderungen, wie modifizierte Flügelspitzen mit vergrösserter Flügelfläche, neuentworfener Bootsrumpfteil und erhöhte Gewichte, notwendig.
Hersteller: Claudius Dornier Seastar GmbH & Co. KG, Oberpfaffenhofen, Bundesrepublik Deutschland.

CLAUDIUS DORNIER SEASTAR

Abmessungen: Spannweite 15,50 m, Länge 12,37 m, Höhe 4,60 m, Flügelfläche 28,48 m².

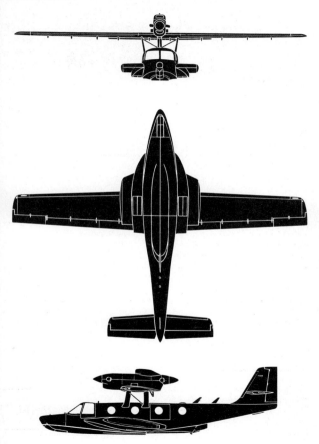

CNAMC A-5M (FANTAN)

Ursprungsland: VR China.
Kategorie: Einsitziger Erdkämpfer.
Triebwerke: Zwei Strahltriebwerke Shenyang Wopen-6 von 2600 kp (25,5 kN) Standschub ohne und 3250 kp (31,9 kN) mit Nachbrenner (A-5III) oder Wopen-6A von je 3000 kp (29,4 kN) Standschub ohne und 3750 kp (36,8 kN) mit Nachbrenner (A-5M).
Leistungen: Höchstgeschwindigkeit (A-5III) 1190 km/h oder Mach 1,12 auf 10 975 m, bzw. (A-5M) 1225 km/h oder Mach 1,2 auf 10 975 m; Einsatzradius (A-5III und A-5M) 400 km bei Einsatzprofil tief-tief-tief bzw. 600 km bei Einsatzprofil hoch-tief-hoch mit 2000 kg externen Waffenlasten.
Gewichte: Leer (A-5III) 6494 kg bzw. (A-5M) 6340 kg; max. Startgewicht (A-5III und A-5M) 12 000 kg.
Bewaffnung: Zwei 23-mm-Kanonen Typ 2H plus bis zu 2000 kg Aussenlasten, verteilt unter vier Aufhängepunkte unter den Flügeln und zwei unter dem Rumpf.
Entwicklungsstand: Man nimmt an, dass die A-5M Ende 1988 zu ihrem Erstflug starten wird, mit Beginn der Ablieferung der ersten Serienflugzeuge im Laufe von 1989. Die A-5M wird die frühere A-5III (A-C5), welche am 5. Juni 1965 ihren Jungfernflug ausführte, in der Produktion ablösen.
Bemerkungen: Die A-5M (siehe nebenstehenden Dreiseitenriss) ist im Grunde genommen mit der A-5III (siehe Abbildung) praktisch identisch, verfügt jedoch über ein etwas stärkeres Triebwerk und insbesondere eine moderne, westliche Avionikausrüstung, die vom italienisch-brasilianischen Kampfflugzeug AMX (siehe Seiten 6/7) stammt (Radarentfernungsmesser, Blickfeldanzeige, Computer und Inertialnavigation). Die A-5 geht auf die sowjetische MiG-19SF aus den fünfziger Jahren zurück; sie wurde u.a. nach Nordkorea und Pakistan exportiert.
Hersteller: China Nanchang Aircraft Manufacturing Company und Hongdu Aircraft Corporation, VR China.

CNAMC A-5M (FANTAN)

Abmessungen: Spannweite 9,70 m, Länge 15,41 m, Höhe 4,51 m, Flügelfläche 27,95 m².

DASSAULT-BREGUET ATLANTIQUE G2 (ATL2)

Ursprungsland: Frankreich.
Kategorie: Langstrecken-Marinepatrouillenflugzeug.
Triebwerke: Zwei Propellerturbinen Rolls-Royce/SNECMA Tyne RTy 20 Mk.21 von je 5665 WPS (4227 kW) Leistung.
Leistungen: Höchstgeschwindigkeit 593 km/h auf Meereshöhe; normale Reisegeschwindigkeit 556 km/h auf 7600 m; typische Patrouillengeschwindigkeit 315 km/h; Anfangssteiggeschwindigkeit 10,1 m/Sek; Dienstgipfelhöhe 9100 m; typisches Einsatzprofil: 8 Std. Aufenthalt im Zielgebiet auf 610 bis 915 m Höhe, 1110 km vom Stützpunkt entfernt; max. Reichweite 9000 km.
Gewichte: Leer 25 500 kg; normales Startgewicht 44 400 kg; max. Startgewicht 46 200 kg.
Zuladung: Zwölf Mann Besatzung, worunter zwei Piloten, ein Flugingenieur, drei Beobachter, ein Navigator, ein ESM/ECM/MAD-Operator, ein Radaroperateur, ein taktischer Einsatzleiter und zwei Sonarbojenoperateure.
Bewaffnung: Bis zu acht zielsuchende Torpedos Mk.46, neun 250-kg-Bomben oder 12 Tiefenbomben plus zwei Lenkwaffen AM-39 Exocet im vorderen Waffenschacht. Vier Flügelstationen mit einer max. Tragkraft von 3500 kg.
Entwicklungsstand: Erstflug des ersten von zwei Prototypen (umgebaute ATL1) am 8. Mai 1981, des zweiten am 26. März 1982. Beginn der Serienproduktion für die Aéronavale am 24. Mai 1984. Die Aéronavale benötigt 30 bis 35 Flugzeuge, wovon bisher 16 fest bestellt sind. Die Produktion dürfte bis mindestens 1996 aufrechterhalten werden.
Bemerkungen: Die Atlantique G2 (Génération 2), auch als ATL2 bezeichnet, ist eine modernisierte Version der Atlantique G1 (oder ATL1), wovon bis 1973 insgesamt 87 Einheiten gebaut worden waren.
Hersteller: Avions Marcel Dassault-Breguet Aviation, Vaucresson, Frankreich.

DASSAULT-BREGUET ATLANTIQUE G2 (ATL2)

Abmessungen: Spannweite 37,36 m, Länge 32,62 m, Höhe 11,31 m, Flügelfläche 120,34 m².

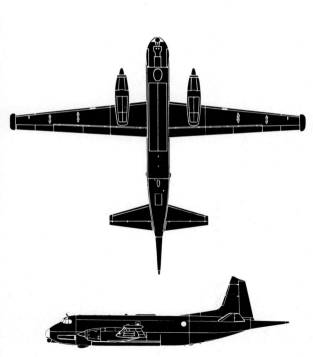

DASSAULT-BREGUET MIRAGE 2000

Ursprungsland: Frankreich.
Kategorie: Einsitziges Mehrzweckkampfflugzeug (2000C), zweisitziges Tiefangriffsflugzeug (2000N) oder zweisitziger operationeller Trainer (2000B).
Triebwerke: Ein Mantelstromtriebwerk SNECMA M53-P2 von 6560 kp (64,3 kN) Standschub ohne und 9700 kp (95,1 kN) mit Nachbrenner.
Leistungen: Höchstgeschwindigkeit ohne Aussenlasten 1472 km/h oder Mach 1,2 auf Meereshöhe, 2495 km/h oder Mach 2,35 auf über 11 000 m (kurzzeitig erreichbare Höchstgeschwindigkeit); max. Steiggeschwindigkeit 285 m/Sek; taktischer Einsatzradius als Abfangjäger mit zwei abwerfbaren Zusatztanks und Luft-Luft-Lenkwaffen 700 km.
Gewichte (Mirage 2000C): Leer 7500 kg; max. Startgewicht 17 000 kg.
Bewaffnung: Zwei 30-mm-Kanonen DEFA 554 und, als Abfangjäger, zwei Luft-Luft-Lenkwaffen Matra 550 Magic sowie zwei Matra Super 530D oder, als Erdkämpfer, bis zu 6300 kg externe Waffenlasten, verteilt unter neun Aufhängepunkte (vier unter den Flügeln und fünf unter dem Rumpf).
Entwicklungsstand: Der erste von sieben Prototypen führte am 10. März 1978 seinen Jungfernflug aus. Zu Beginn 1988 belief sich die Produktionsrate auf sechs Flugzeuge monatlich, bei folgendem Bestellungsstand: 225 für Frankreich (129 2000C, 21 2000B und 75 2000N), 36 für Abu Dhabi, 20 für Ägypten, 40 für Griechenland, 49 für Indien (Vajra) und 12 für Peru.
Bemerkungen: Die Mirage 2000 wird gegenwärtig in vier Versionen in Serie gebaut: Die Mirage 2000C als Abfangjäger, die Mirage 2000B als zweisitziger Trainer, die Mirage 2000R als einsitziger Aufklärer (Abu Dhabi) und die Mirage 2000N als Tiefangriffsflugzeug (siehe Ausgabe 1985). Letztere Version steht seit 1988 im Dienst der Armée de l'Air. Sie verfügt über ein Antilope-V-Terrainfolgeradar für den extremen Tiefflug und kann mit einer Atomlenkwaffe ASMP ausgerüstet werden.
Hersteller: Avions Marcel Dassault-Breguet Aviation, Vaucresson, Frankreich.

DASSAULT-BREGUET MIRAGE 2000

Abmessungen: Spannweite 9,13 m, Länge 14,36 m, Höhe 5,20 m, Flügelfläche 41,00 m².

DASSAULT-BREGUET MYSTERE-FALCON 900

Ursprungsland: Frankreich.
Kategorie: Firmenflugzeug.
Triebwerke: Drei Mantelstromtriebwerke Garrett TFE731-5A-1C von je 2040 kp (20 kN) Standschub.
Leistungen: Höchstgeschwindigkeit 924 km/h auf 10 975 m (Mach 0,87); max. Reisegeschwindigkeit 893 km/h auf 11 890 m (Mach 0,84); Langstrecken-Reisegeschwindigkeit 797 km/h auf 11 275 m (Mach 0,75); max. Reichweite inkl. IFR-Reserven 7320 km; Reichweite mit max. Nutzlast 6200 km.
Gewichte: Rüstgewicht 10 615 kg; max. Startgewicht 20 640 kg.
Zuladung: Zwei Piloten und, je nach Innenausstattung, 8 bis 15 Passagiere. Maximale Passagierkapazität 19 Personen.
Entwicklungsstand: Erstflug des ersten Prototyps am 21. September 1984, des zweiten am 30. August 1985, gefolgt von den ersten Serienflugzeugen im März 1986. Die Ablieferungen erfolgen seit dem 19. Dezember 1986, und die Produktionsrate beträgt seit September 1987 vier Flugzeuge im Monat. Ende 1987 hatte Dassault-Breguet 25 Serienflugzeuge abgeliefert. Zu Beginn 1988 überstiegen die Aufträge 50 Stück.
Bemerkungen: Die Mystère-Falcon 900 ist eine Weiterentwicklung der Falcon 50 (siehe Ausgabe 1982), mit der sie eine Anzahl Komponenten gemeinsam hat. Sie besitzt jedoch einen längeren Rumpf mit grösserem Querschnitt, eine grössere Flügelspannweite, stärkere Triebwerke und verschiedene aerodynamische Verbesserungen. Die Falcon 900 besitzt eine grosse Anzahl Bauteile aus graphit- und aramidverstärkten Kunststoffen. Zudem wurde aussergewöhnliche Sorgfalt für die passive Sicherheit aufgewandt.
Hersteller: Avions Marcel Dassault-Breguet Aviation, Vaucresson, Frankreich.

DASSAULT-BREGUET MYSTERE-FALCON 900

Abmessungen: Spannweite 19,33 m, Länge 20,21 m, Höhe 7,55 m, Flügelfläche 49,03 m².

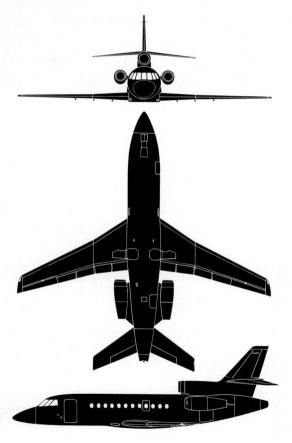

DASSAULT-BREGUET RAFALE A

Ursprungsland: Frankreich.
Kategorie: Einsitziges Experimentaljagdflugzeug.
Triebwerke: Zwei Mantelstromtriebwerke General Electric F404-GE-100 von je 7285 kp (71,17 kN) Standschub mit Nachbrenner.
Leistungen: Höchstgeschwindigkeit 2124 km/h auf über 11 000 m (Mach 2,0) oder 1480 km/h auf Meereshöhe (Mach 1,2).
Gewichte: Leer 9500 kg; beladen mit zwei Luft-Luft-Lenkwaffen Magic und vier Mica 14 000 kg; max. Startgewicht 20 000 kg.
Bewaffnung: Einbaumöglichkeit für eine 30-mm-Kanone DEFA 554 und zwölf externe Aufhängepunkte. Typische Defensivbewaffnung umfasst vier Mittelstreckenlenkwaffen Mica und zwei Kurzstreckenlenkwaffen Magic 2.
Entwicklungsstand: Der einzige Prototyp der Rafale A fliegt seit dem 4. Juli 1986. Ablieferung des ersten Serienflugzeugs Rafale A im Juli 1996. Am 21. April 1988 fünf Prototypen bestellt.
Bemerkungen: Der Hauptzweck der Rafale (Sturmwind) ist es, ähnlich dem britischen Gegenstück BAe EAP (siehe Seiten 50/51) die neuen Eigenschaften zu demonstrieren, welche die nächste Generation Kampfflugzeug prägen werden, nämlich ausserordentliche Wendigkeit und Langsamflugleistungen, gepaart mit kurzen Start- und Landestrecken. Hinzu kommen neue Baumaterialien, wie faserverstärkte Kunststoffe und Aluminium-Lithium-Legierungen, die in der vorgeschlagenen Serienausführung Rafale D zum Einsatz gelangen werden. Die Rafale D wird auf die Bedürfnisse von Armée de l'Air und Aéronavale zugeschnitten und dürfte das Standardkampfflugzeug Frankreichs der neunziger Jahre werden. Angetrieben von zwei SNECMA M 88-15 von je 7500 kp (73,5 kN) wird die Rafale D kleiner (Flügelfläche 44 m2) und leichter (8500 kg) sein. Der Beginn der Flugerprobung des Serienprototyps ist auf Oktober 1990 vorgesehen, und es ist geplant, fünf Entwicklungsflugzeuge, darunter eine Marine- und eine Doppelsitzerausführung, zu bauen.
Hersteller: Avions Marcel Dassault-Breguet Aviation, Vaucresson, Frankreich.

DASSAULT-BREGUET RAFALE A

Abmessungen: Spannweite 11,18 m, Länge 15,79 m, Höhe 5,18 m, Flügelfläche 47,00 m².

DASSAULT-BREGUET/DORNIER ALPHA JET 2

Ursprungsland: Frankreich und Bundesrepublik Deutschland.
Kategorie: Zweisitziger Fortgeschrittenentrainer und leichtes Erdkampfflugzeug.
Triebwerke: Zwei Mantelstromtriebwerke SNECMA/Turboméca Larzac 04-C20 von je 1440 kp (14,1 kN) Standschub.
Leistungen: Höchstgeschwindigkeit ohne Aussenlasten 920 km/h oder Mach 0,86 auf 10 000 m, bzw. 1038 km/h auf Meereshöhe; max. Anfangssteiggeschwindigkeit 57 m/Sek; Dienstgipfelhöhe 14 630 m; Aktionsradius (Einsatzprofil tief-tief-tief mit Kanonenbehälter, Bewaffnung unter den Flügeln sowie abwerfbare 625-l-Zusatztanks) 630 km, bzw. 390 km (ohne Zusatztanks).
Gewichte: Leer 3515 kg; max. Startgewicht 8000 kg.
Bewaffnung (als taktischer Erdkämpfer): Max. 2500 kg Aussenlasten, verteilt unter fünf externe Aufhängepunkte.
Entwicklungsstand: Die Flugerprobung der Alpha Jet 2 begann im April 1982. 1983 wurden vier Flugzeuge nach Ägypten geliefert, wo zurzeit 60 Einheiten von der einheimischen Flugzeugindustrie aus angelieferten Bestandteilen zusammengebaut werden. Darunter befinden sich je 30 Exemplare der Erdkampfversion MS2 und der Trainingsversion MS1. Weitere sechs Maschinen gehen an Kamerun. Vorgeschlagen ist eine spezialisierte Erdkampfversion, die Alpha Jet Lancier.
Bemerkungen: Die Alpha Jet 2 (früher Alpha Jet NGEA) ist eine modernisierte und verbesserte Angriffsversion des Basismusters mit neuem Navigations- und Feuerleitcomputer sowie stärkeren Triebwerken und Bewaffnungsmöglichkeit mit der Lenkwaffe Matra Magic. Die im Juni 1987 vorgeschlagene Alpha Jet 3 ist eine Weiterentwicklung mit modernisiertem Bildschirmcockpit.
Hersteller: Avions Marcel Dassault-Breguet Aviation, Vaucresson, Frankreich.

DASSAULT-BREGUET/DORNIER ALPHA JET 2

Abmessungen: Spannweite 9,11 m, Länge 12,29 m, Höhe 4,19 m, Flügelfläche 17,50 m².

DE HAVILLAND CANADA DASH 8-300

Ursprungsland: Kanada.
Kategorie: Regionalverkehrs- und Firmenflugzeug.
Triebwerke: Zwei Propellerturbinen Pratt & Whitney Canada PW123 von je 2380 WPS (1775,7 kW) Leistung.
Leistungen (Schätzungen des Herstellers): Max. Reisegeschwindigkeit 528 km/h auf 4575 m; max. Reiseflughöhe 7620 m; Reichweite mit 50 Passagieren 1482 km bei max. Reisegeschwindigkeit.
Gewichte: Rüstgewicht 11 204 kg; max. Startgewicht 18 643 kg.
Zuladung: Zwei Piloten und Standard-Innenausstattung für 50 Passagiere in Viererreihen. Maximal 56 Passagiere.
Entwicklungsstand: Die erste Dash 8-300, umgebauter Prototyp der Dash 8-100, fliegt seit dem 15. Mai 1987, gefolgt vom ersten Serienflugzeug im April/Mai 1988 und den ersten Kundenlieferungen im September 1988. Für die Dash 8-100 waren bis Anfang 1988 insgesamt 167 feste Aufträge plus 47 Optionen eingegangen. Die Produktionsrate soll ab Anfang 1989 von monatlich vier auf fünf Einheiten erhöht werden.
Bemerkungen: Die Dash 8-300 unterscheidet sich von der Dash 8-100 hauptsächlich durch den längeren Rumpf, welcher durch Einsetzen je eines 1,85 m messenden Rumpfsegments vor dem Flügel und eines solchen von 1,57 m hinter dem Flügel entstand. Verlängerte Flügelspitzen und stärkere Triebwerke sind weitere Merkmale. Erster Dash-8-300-Kunde ist Air Ontario mit fünf Maschinen. Vorgeschlagen ist eine Kombiversion mit rückwärtigem Frachttor und verschiebbarer Trennwand (Dash 8-320C), ferner zwei Ausführungen mit erhöhtem Abfluggewicht (Dash 8-320A/B). Die Dash 8-400 soll in ihrem nochmals gestreckten Rumpf bis zu 70 Passagiere befördern können, doch steht ein Bauentscheid noch aus.
Hersteller: The de Havilland Aircraft of Canada Ltd. (Division of Boeing of Canada Ltd.), Downsview, Ontario, Kanada.

DE HAVILLAND CANADA DASH 8-300

Abmessungen: Spannweite 27,43 m, Länge 25,68 m, Höhe 7,49 m, Flügelfläche 56,20 m².

DORNIER DO 228

Ursprungsland: Bundesrepublik Deutschland.
Kategorie: Regionalverkehrsflugzeug und Mehrzwecktransporter.
Triebwerke: Zwei Propellerturbinen Garrett AiResearch TPE331-5 von je 715 WPS (533,5 kW) Leistung.
Leistungen: Max. Reisegeschwindigkeit 432 km/h auf 3280 m, bzw. 370 km/h auf Meereshöhe; Anfangssteiggeschwindigkeit 10,4 m/Sek; Dienstgipfelhöhe 9000 m; Reichweite (Do 228-100) 1970 km bei max. Reisegeschwindigkeit, bzw. (Do 228-200) 1150 km bei ökonom. Reisegeschwindigkeit oder 1030 km bei max. Reisegschwindigkeit.
Gewichte: Rüstgewicht (Do 228-100) 3235 kg, bzw. (Do 228-200) 3379 kg; max. Startgewicht 5700 kg.
Zuladung: Zwei Piloten und Standard-Innenausstattung für 15 Passagiere (Do 228-100) bzw. 19 Passagiere (Do 228-200) in Einzelsitzen mit Mittelgang.
Entwicklungsstand: Der Prototyp der Do 228-100 flog erstmals am 29. März 1981, derjenige der Do 228-200 am 9. Mai 1981. Die erste Kundenlieferung erfolgte im August 1982 an A/S Norving. Im Dezember 1987 verfügte Dornier über 130 feste Bestellungen plus 49 Optionen für beide Versionen. Die Produktionsrate betrug vier Flugzeuge im Monat.
Bemerkungen: Die Do 228 vereinigt in sich den neuen Dornier-TNT-Tragflügel (mit superkritischem Flügelprofil) mit dem Rumpfquerschnitt der Do 128 (siehe Ausgabe 1982). Zwei Basisversionen, die sich hauptsächlich in Rumpflänge und Reichweite unterscheiden, befinden sich in Produktion, nämlich die Do 228-100 und die gestreckte Do 228-200 (siehe Abbildung und Dreiseitenriss). Von der Do 228-100 sind auch Fracht- und Geschäftsreiseversionen verfügbar. Die Varianten -101 und -201 bieten ein erhöhtes Startgewicht. Indien wählte die Do 228 als leichtes Transportflugzeug. Sie soll dort durch Hindustan Aeronautics Ltd. (HAL) in Lizenz gebaut werden. Nach der Lieferung von zehn Musterflugzeugen werden nun 140 Maschinen durch die Inder selbst hergestellt.
Hersteller: Dornier GmbH, Friedrichshafen, Bundesrepublik Deutschland.

DORNIER DO 228

Abmessungen: Spannweite 16,97 m, Länge Do 228-100: 15.03 m, Do 228-200: 16,55 m, Höhe 4,86 m, Flügelfläche 32,00 m².

EMBRAER EMB-120 BRASILIA

Ursprungsland: Brasilien.
Kategorie: Regionalverkehrs- und Firmenflugzeug.
Triebwerke: Zwei Propellerturbinen Pratt & Whitney Canada PW118 von je 1800 WPS (1342,9 kW) Leistung.
Leistungen: Max. Reisegeschwindigkeit 556 km/h auf 6705 m; Langstrecken-Reisegeschwindigkeit 483 km/h auf 7620 m; max. Anfangssteiggeschwindigkeit 10,77 m/Sek; Reichweite mit 30 Passagieren inkl. Reserven 1750 km auf 7620 m; max. Reichweite inkl. Reserven 2982 km.
Gewichte: Leer 7070 kg; max. Startgewicht 11 500 kg.
Zuladung: Zwei Piloten und Innenausstattung für 24, 26 oder 30 Passagiere in Dreierreihen mit versetztem Mittelgang. Kombinierte Passagier-/Frachtversion für 24 oder 26 Passagiere und 900 kg Fracht.
Entwicklungsstand: Drei Prototypen, die am 27. Juli 1983, am 21. Dezember 1983 und am 9. Mai 1984 erstmals flogen. Beginn der Ablieferungen (an Atlantic Southeast Airlines) im August 1985. Zu Beginn 1987 stieg die Produktionsrate von zwei auf dreieinhalb Flugzeuge im Monat und soll ab August 1988 weiter auf fünf Maschinen gesteigert werden. Mitte 1988 verfügte Embraer über 143 Bestellungen plus 144 Optionen.
Bemerkungen: Brasiliens Luftwaffe kaufte zwei Brasilias (plus zwei Optionen) und hat einen Bedarf nach 24 weiteren Einheiten für Passagier- und Frachttransport. Die erste Geschäftsreiseversion wurde Ende 1986 abgeliefert (an United Technologies Corporation). In Entwicklung befinden sich noch immer eine Marine-Patrouillenversion sowie eine Frühwarnausführung, welche beide Anfang der neunziger Jahre einsatzreif wären. Die Zelle der Brasilia wird einem laufenden Weiterentwicklungsprogramm unterworfen, wobei in zunehmendem Mass Kunststoff Verwendung findet. Heute entfallen bereits zehn Prozent des Leergewichts auf Kunststoffbauteile (hauptsächlich Kevlar, Glasfaser und Graphit mit Epoxydharzen).
Hersteller: EMBRAER (Emprêsa Brasileira de Aeronáutica SA), Sao José dos Campos, Brasilien.

EMBRAER EMB-120 BRASILIA

Abmessungen: Spannweite 19,78 m, Länge 20,00 m, Höhe 6,35 m, Flügelfläche 39,43 m².

EMBRAER EMB-312 TUCANO

Ursprungsland: Brasilien.
Kategorie: Zweisitziger Basistrainer.
Triebwerke: Eine Propellerturbine Pratt & Whitney Canada PT6A-25C von 750 WPS (560 kW) Leistung.
Leistungen (bei max. Startgewicht, ohne Aussenlasten): Höchstgeschwindigkeit 433 km/h auf 3050 m; max. Reisegeschwindigkeit 411 km/h auf 3050 m; ökonom. Reisegeschwindigkeit 319 km/h; max. Anfangssteiggeschwindigkeit 11,07 m/Sek; Dienstgipfelhöhe 7315 m; Reichweite ohne Aussentanks inkl. 30 Min. Reserven 1844 km; Überführungsreichweite 3330 km.
Gewichte: Rüstgewicht 1810 kg; normales Startgewicht ohne Aussentanks 2550 kg; max. Startgewicht 3175 kg.
Bewaffnung (als Waffentrainer und leichter Erdkämpfer): Vier Flügelstationen für je 250 kg Waffenlasten.
Entwicklungsstand: Der erste von vier Prototypen fliegt seit dem 15. August 1980. Beginn der Auslieferung von Serienflugzeugen am 29. September 1983 (an die brasilianische Luftwaffe, welche 118 Tucanos bestellt und eine Option auf 50 weitere angemeldet hat). Exportaufträge konnte Embraer aus Honduras (8 plus vier Optionen), aus Argentinien (30), Peru (20) und aus Venezuela (30) entgegennehmen. Im ägyptischen Flugzeugwerk Heluan werden zurzeit 110 Tucanos aus Bausätzen endmontiert. Sie sind für die Luftwaffen von Ägypten (30 plus 40 Optionen) und des Irak (80 plus 20 Optionen) bestimmt. Vorgängig lieferte Embraer zehn Musterflugzeuge in flugfertigem Zustand. Lizenzbau einer stärkeren Ausführung (für die RAF) bei Shorts (siehe Seiten 192/193).
Bemerkungen: 80 der brasilianischen Tucanos dienen der Grundausbildung von Militärpiloten, die restlichen werden für die Waffenschulung verwendet. Zwei Tucanos erhielten die Propellerturbine Garrett TPE331 und flogen in dieser Form am 14. Februar und 28. Juli 1986 erstmals.
Hersteller: EMBRAER (Emprêsa Brasileira de Aeronáutica SA), Sao José dos Campos, Brasilien.

EMBRAER EMB-312 TUCANO

Abmessungen: Spannweite 11,14 m, Länge 9,86 m, Höhe 3,40 m, Flügelfläche 19,40 m².

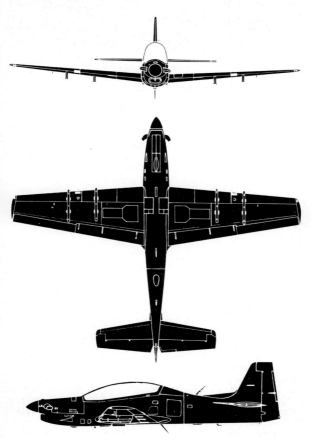

ENAER T-35 PILLAN

Ursprungsland: Chile.
Kategorie: Zweisitziger Grundschul- und Basistrainer.
Triebwerke: Ein luftgekühlter Sechszylinder-Boxermotor AVCO Lycoming AEIO-540-K1K5 von 300 PS (223,7 kW) Startleistung.
Leistungen (bei max. Startgewicht): Höchstgeschwindigkeit 311 km/h auf Meereshöhe; Reisegeschwindigkeit mit 75% Leistung 298 km/h auf 2680 m; max. Anfangssteiggeschwindigkeit 7,7 m/Sek; Dienstgipfelhöhe 5820 m; Reichweite bei 75% Triebwerkleistung, inkl. 45 Min. Reserven, 1093 km.
Gewichte: Leer 832 kg; Rüstgewicht 929 kg; max. Startgewicht 1315 kg.
Bewaffnung (als Waffentrainer): Zwei Raketenwerfer zu je vier bis sieben ungelenkten Raketen, 113,4-kg-Bomben, oder 12,7-mm-MG-Behälter.
Entwicklungsstand: Erster von zwei Prototypen (gebaut von Piper in den USA) am 6. März 1981, erstes von sechs in Chile montierten Vorserienflugzeugen am 30. Januar 1982 und erstes Serienflugzeug am 28. Dezember 1984 erstmals geflogen. Von den 80 für Chile und 40 für Spanien bestellten Pillán waren zu Beginn 1988 rund 110 Maschinen fertiggestellt gewesen. ENAER baut zurzeit monatlich drei Flugzeuge und Piper hat 1987 die weitere Vermarktung der Pillán übernommen.
Bemerkungen: Die Pillán (Teufel) entstand unter Vertrag mit Piper und schliesst eine Anzahl Bauteile der Pipermodelle PA-28, PA-31 und PA-32 ein. Die Herstellung wurde stufenweise der chilenischen Flugzeugfabrik ENAER übertragen, wo die Pillán zurzeit in zwei Ausführungen im Serienbau steht, dem Grundschultrainer T-35A mit einfacher Avionik und dem Basistrainer T-35B mit Blindflugausrüstung. Eine turbopropgetriebene Version, die T-35TX Aucan (siehe Ausgabe 1987) fliegt seit dem 14. Februar 1986; diese Version wurde aber inzwischen aufgegeben. Die Flugzeuge für Spaniens Flugwaffe tragen die Bezeichnung Tamiz und werden lokal bei CASA aus Bausätzen endmontiert.
Hersteller: ENAER (Empresa National de Aeronautica), El Bosque, Santiago, Chile.

ENAER T-35 PILLAN

Abmessungen: Spannweite 8,81 m, Länge 7,97 m, Höhe 2,34 m, Flügelfläche 13,64 m².

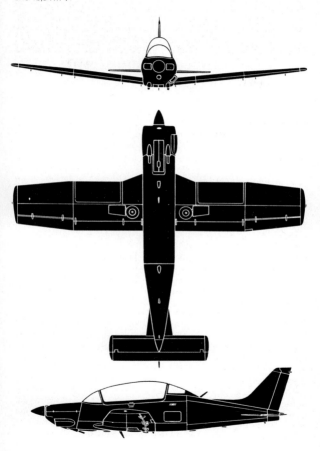

FAMA IA 63 PAMPA

Ursprungsland: Argentinien.
Kategorie: Zweisitziger Basis- und Fortgeschrittenentrainer.
Triebwerke: Ein Mantelstromtriebwerk Garrett TFE731-2N von 1588 kp (15,6 kN) Standschub.
Leistungen: Höchstgeschwindigkeit bei 3200 kg Fluggewicht 740 km/h oder Mach 0,6 auf Meereshöhe; max. Anfangssteiggeschwindigkeit 27 m/Sek; Dienstgipfelhöhe 12 900 m; Reichweite ohne Aussenlasten 1500 km bei einer Fluggeschwindigkeit von 560 km/h auf 4000 m; taktischer Einsatzradius als Erdkämpfer mit sechs Mk.81-Bomben und 30-mm-Kanonenbehältern 360 km (Einsatzprofil hoch-tief-hoch) inkl. 5 Min. Aufenthalt über dem Zielgebiet plus 30 Min. Reserven.
Gewichte: Normal beladen 3700 kg; max. Startgewicht 5000 kg.
Bewaffnung: (als Waffentrainer oder leichter Erdkämpfer): Kanonenbehälter mit einer 30-mm-Kanone unter dem Rumpf, und bis zu 1160 kg Aussenlasten, verteilt auf vier Aufhängepunkte unter dem Flügel.
Entwicklungsstand: Drei Prototypen, welche am 6. Oktober 1984, am 7. August 1985 und am 25. März 1986 erstmals flogen. Der Bedarf der argentinischen Luftwaffe beträgt 64 Pampas. Die ersten drei Serienmaschinen wurden im März 1988 abgeliefert. Weitere sechs folgen bis Ende 1988.
Bemerkungen: Die Pampa wurde vom deutschen Dornier-Konzern im Auftrag von FAMA entworfen und entwickelt, doch hat Dornier auch heute in der Produktionsphase noch eine gewisse Beraterfunktion. Der dritte Prototyp besitzt als erste Pampa Bewaffnungsmöglichkeit und einen Stencel-Schleudersitz. Das Serienmodell wird möglicherweise mit einem etwas stärkeren Triebwerk (TFE731-5 von 1950 kp bzw. 19,1 kN Standschub) ausgerüstet. In Planung befindet sich zudem eine bordgestützte Version für den Einsatz von Flugzeugträgern aus.
Hersteller: FAMA (Fábrica Argentina de Material Aeroespacial), Córdoba, Argentinien.

FAMA IA 63 PAMPA

Abmessungen: Spannweite 9,69 m, Länge 10,93 m, Höhe 4,29 m, Flügelfläche 15,63 m².

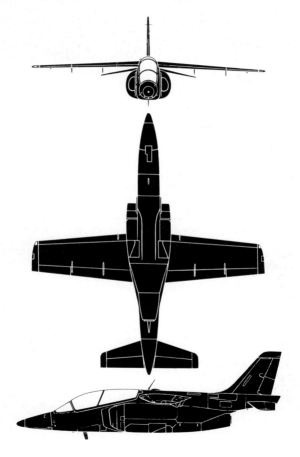

FOKKER 50

Ursprungsland: Niederlande.
Kategorie: Regionalverkehrsflugzeug.
Triebwerke: Zwei Propellerturbinen Pratt & Whitney Canada PW124 von je 2160 WPS (1611,6 kW) Leistung.
Leistungen: Max. Reisegeschwindigkeit 515 km/h auf 6400 m; Langstrecken-Reisegeschwindigkeit 454 km/h auf 7620 m; Reichweite mit 50 Passagieren (Fluggewicht 20820 kg) 2938 km mit ökonom. Fluggeschwindigkeit; max. Reichweite mit 4085 kg Nutzlast 4120 km.
Gewichte: Typisches Rüstgewicht 12633 kg; max. Startgewicht (Normalversion) 19732 kg, bzw. (Spezialversion) 20820 kg.
Zuladung: Zwei Piloten und Standard-Innenausstattung für 50 Passagiere in Viererreihen mit Mittelgang. Maximal 58 bis 60 Passagiere. Geschäftsreiseversion für 46 Personen.
Entwicklungsstand: Erstflug des ersten von zwei Prototypen am 28. Dezember 1985, des zweiten am 30. April 1986 und des ersten Serienflugzeugs am 13. Februar 1987. Beginn der Kundenlieferungen am 7. August 1987 (an DLT). Bisher erhielt Fokker Aufträge für 84 Flugzeuge (zuzüglich 26 Optionen). Die Zulassung wurde am 15. Mai 1987 erteilt.
Bemerkungen: Die Fokker 50 basiert auf der Fokker F27-500 Friendship (siehe Ausgabe 1982), und beide Prototypen besitzen modifizierte F27-Rümpfe. Obschon das bewährte Konzept des Vorgängermusters praktisch unverändert übernommen wurde, sind etwa 80 % aller Bauteile des Serienmodells geändert oder verbessert. Dabei kommen in bedeutendem Ausmass Kunststoffe zur Anwendung. Zudem finden treibstoffsparende Triebwerke mit Sechsblattpropellern Verwendung.
Hersteller: Fokker BV, Schiphol-Oost, Amsterdam, Niederlande.

FOKKER 50

Abmessungen: Spannweite 29 m, Länge 25,19 m, Höhe 8,60 m, Flügelfläche 70,00 m².

FOKKER 100

Ursprungsland: Niederlande.
Kategorie: Kurz- und Mittelstrecken-Verkehrsflugzeug.
Triebwerke: Zwei Mantelstromtriebwerke Rolls-Royce RB.183-03 Tay Mk.620-15 von je 6041 kp (59,2 kN) Standschub.
Leistungen: Max. Reisegeschwindigkeit 817 km/h auf 10670 m (Mach 0,77); ökonom. Reisegeschwindigkeit 765 km/h (Mach 0,72); Reichweite mit 107 Passagieren bei einem Fluggewicht von 41 730 kg und ökonom. Reisegeschwindigkeit 2700 km; max. Reichweite 4223 km.
Gewichte: Rüstgewicht 24 356 kg; max. Startgewicht (Normalausführung) 41 730 kg, bzw. (Spezialausführung) 434 092 kg.
Zuladung: Zwei Piloten und Standardausrüstung für 107 Passagiere in Fünferreihen. Innenausstattung mit gemischten Klassen für 60 Businessklass- und 45 Economyklass-Passagiere oder 12 Erstklass- und 80 bis 85 Economyklass-Passagiere.
Entwicklungsstand: Der erste von zwei Prototypen begann mit dem Flugtestprogramm am 30. November 1986, der zweite Ende Februar 1987. Die erste Serienmaschine wurde im Frühjahr 1988 an ihren Käufer, Swissair, abgeliefert. Ende 1987 standen 89 Bestellungen zu Buche, wozu noch 91 Optionen kommen. Um der Nachfrage gerecht zu werden, will Fokker die Produktionsrate 1988 auf monatlich drei Flugzeuge steigern. Erste Ablieferung am 29. Februar 1988 (an Swissair).
Bemerkungen: Die Fokker 100 ist technisch gesehen eine Weiterentwicklung der Fokker F28 (siehe Ausgabe 1985). Abgesehen von den neuen Triebwerken besitzt die Fokker 100 neuzeitlichere Systeme und Ausrüstung, einen gestreckten Rumpf und aerodynamisch dem neusten Stand angepasste Flügel grösserer Spannweite, welche 30 % effizienter sein sollen als die der F28. Die für US Air bestimmten Flugzeuge sind für ein auf 44 453 kg erhöhtes Abfluggewicht zugelassen und werden von zwei Tay 650 von je 6850 kp (67,2 kN) Standschub angetrieben (Erstflug des Prototyps am 8. Juni 1988). Mit dem Tay 660 sollen sogar Abfluggewichte bis 47 628 kg möglich sein.
Hersteller: Fokker BV, Schiphol-Oost, Amsterdam, Niederlande.

FOKKER 100

Abmessungen: Spannweite 28,08 m, Länge 35,31 m, Höhe 8,60 m, Flügelfläche 90,80 m².

GAIGC FT-7 (JJ-7)

Ursprungsland: VR China (UdSSR).
Kategorie: Zweisitziges Trainingsflugzeug.
Triebwerke: Ein Strahltriebwerk Chengdu WP-7B von 4400 kp (43,1 kN) Standschub ohne und 6100 kp (60 kN) mit Nachbrenner.
Leistungen: Höchstgeschwindigkeit 2175 km/h oder Mach 2,05 auf 11 000 m; Dienstgipfelhöhe 17 300 m; Reichweite ohne Zusatztanks 1010 km, mit zwei abwerfbaren 720-l-Zusatztanks 1459 km.
Gewichte: Leer 5330 kg; normales Startgewicht 7590 kg; max. Startgewicht 8600 kg.
Bewaffnung (als Waffentrainer): Eine zweiläufige 23-mm-Kanone GSh-23L in externem Rumpfbehälter sowie Flügelstationen für zwei Luft-Luft-Lenkwaffen PL-2B, zwei 57-mm-Raketenwerfer oder zwei 250-kg-Bomben.
Entwicklungsstand: Erstmals im Juli 1985 geflogen ist die FT-7, eine kampftaugliche Zweisitzerausführung der F-7M (siehe Ausgabe 1987). Aufnahme der Serienproduktion 1986 durch GAIGC für die chinesische Luftwaffe als JJ-7.
Bemerkungen: Auf den ersten Blick eine Kopie der sowjetischen MiG-21U, zeigt die FT-7 bei genauerem Hinsehen doch etliche Differenzen in den Konturen. Die FT-7 ist das Exportmodell der JJ-7, ausgerüstet mit GEC-Avionik (analog dem Einsitzer F-7M). Die F-7-Familie geht auf die sowjetische MiG-21F zurück, und die ersten Modelle waren reine Kopien. Beide chinesischen Ausführungen, die FT-7 und die F-7M, stehen inzwischen zum Export in Drittweltländer frei. Zudem ist eine mit einem amerikanischen Triebwerk (PW1216, PW1120 oder F404) ausgerüstete F-7 mit seitlichen Triebwerkeinläufen in Diskussion.
Hersteller: GAIGC (Guizhou Aviation Industry Group), Guizhou, VR China.

GAIGC FT-7 (JJ-7)

Abmessungen: Spannweite 7,15 m, Länge 13,94 m, Höhe 4,10 m, Flügelfläche 23,00 m².

(GATES) LEARJET 31

Ursprungsland: USA.
Kategorie: Leichtes Firmenflugzeug.
Triebwerke: Zwei Mantelstromtriebwerke Garrett TFE731-2-2B von je 1588 kp (15,6 kN) Standschub.
Leistungen: Höchstgeschwindigkeit 860 km/h auf 12 500 m (Mach 0,78); max. Reisegeschwindigkeit 828 km/h auf 12 500 m; ökonom. Reisegeschwindigkeit 740 km/h auf 13 700 m; max. Reichweite mit ökonom. Reisegeschwindigkeit, vier Passagieren und 45 Min. Reserven 3020 km, mit Zusatztanks 3428 km.
Gewichte: Leer 4471 kg; max. Startgewicht 7030 kg.
Zuladung: Zwei Mann Besatzung und bis zu maximal zehn Passagiere, mit Alternativ-Innenausstattungen für vier bis acht Passagiere.
Entwicklungsstand: Erstflug des ersten von zwei Prototypen der Learjet 31 1987, mit Zertifizierung im zweiten Quartal 1988. Anschliessend Auslieferung der ersten Serienflugzeuge an ihre Käufer.
Bemerkungen: Die Learjet 31 vereinigt in sich den Rumpf der Learjet 35/36 und einen modifizierten Flügel der stark differierenden Learjet 55 (siehe Seiten 110/111). Haupterkennungsmerkmal der neuen Learjet-Modelle jedoch sind die beiden deltaförmigen Heckflossen unter dem Rumpf, die die Learjet trudelsicher machen. Im übrigen ist die Learjet 31 grundsätzlich den älteren Modellen 35 und 36 sehr ähnlich. Die USAF bestellte 80 Learjet 35 unter der Bezeichnung C-21A, und die Modelle 35 und 36 unterscheiden sich in Treibstoffmenge und Passagierkapazität. Von den Learjetmodellen 35 und 36 sind verschiedene Spezialausführungen erhältlich, so das ECM-Flugzeug EC-35A, das Marinepatrouillenflugzeug PC-35A und der Aufklärer RC-35A. Die Learjet 35 und 36 unterscheiden sich in Treibstoffkapazität und Innenausstattung voneinander.
Hersteller: Learjet Corp., Tucson, Arizona, USA.

(GATES) LEARJET 31

Abmessungen: Spannweite 13,34 m, Länge 14,83 m, Höhe 3,73 m, Flügelfläche 24,57 m².

(GATES) LEARJET 55C

Ursprungsland: USA.
Kategorie: Leichtes Geschäftsreiseflugzeug.
Triebwerke: Zwei Mantelstromtriebwerke Garrett TFE731-3A-2B von je 1678 kp (16,5 kN) Standschub.
Leistungen: Höchstgeschwindigkeit 884 km/h oder Mach 0,81 auf 9150 m; max. Reisegeschwindigkeit 853 km/h auf 12 500 m; ökonom. Reisegeschwindigkeit 782 km/h auf 14 325 m; max. Anfangssteiggeschwindigkeit 20,62 m/Sek; max. Gipfelhöhe 15 545 m; max. Reichweite mit ökonom. Reisefluggeschwindigkeit, vier Passagieren und 45 Min. Reserven 4170 km, mit Zusatztanks 4707 km.
Gewichte: Leer 5725 kg; max. Startgewicht 9526 kg.
Zuladung: Zwei Mann Besatzung und Standard-Inneneinrichtung für acht, maximal zehn Passagiere.
Entwicklungsstand: Einführung der Learjet 55C im September 1987 mit Zertifizierung im Frühjahr 1988. Die Learjet 55C ist das neuste Modell der Learjet 55, deren Erstflug am 19. April 1979 erfolgte. Beginn der Auslieferungen im April 1981.
Bemerkungen: Die Learjet 55C unterscheidet sich vom Vorläufermodell Learjet 55B (Einführung 1986) durch ein digitales Bildschirmcockpit und die bereits auf Seite 108 beschriebenen Delta-Heckflossen, welche Langsamflugeigenschaften und Richtungsstabilität sowie Trudelverhalten und Start- und Landeleistungen erheblich verbessern. Zudem sind die Triebwerkaufhängungen von widerstandsärmerer Bauart. Die Learjet ist entweder in ihrer Standardform oder mit Langstreckentanks erhältlich; das Basismodell errang 1983 mehrere Geschwindigkeits- und Steigzeitrekorde in seiner Klasse. Im kurz vor Redaktionsschluss bekannt gewordenen Besitzerwechsel erhielt die bisherige Gates Learjet Corporation den neuen Namen Learjet Corporation.
Hersteller: Learjet Corp., Tucson, Arizona, USA.

(GATES) LEARJET 55C

Abmessungen: Spannweite 13,34 m, Länge 16,79 m, Höhe 4,47 m, Flügelfläche 24,57 m².

GENERAL DYNAMICS F-16 FIGHTING FALCON

Ursprungsland: USA.
Kategorie: Einsitziges Mehrzweckkampfflugzeug (F-16C) und zweisitziger operationeller Trainer (F-16D).
Triebwerke: Ein Mantelstromtriebwerk Pratt & Whitney F100-PW-200 oder -220 von je 6713 kp (65,8 kN) Standschub ohne und 10 809 kp (106 kN) mit Nachbrenner, bzw. ein Mantelstromtriebwerk General Electric F110-GE-100 von 7334 kp (71,9 kN) Standschub ohne und 12 283 kp (120,5 kN) mit Nachbrenner.
Leistungen (F-16C mit F110-PW-200): Kurzzeitig erreichbare Höchstgeschwindigkeit 2145 km/h auf 12 190 m (Mach 2,02), andauernde Höchstgeschwindigkeit 2007 km/h (Mach 1,89); taktischer Einsatzradius (Einsatzprofil hoch-tief-hoch, ohne Zusatztanks) 580 km mit sechs 227-kg-Bomben.
Gewichte (F-16C): Startgewicht als Abfangjäger mit Luft-Luft-Lenkwaffen 11 372 kg; max. Startgewicht 17 010 kg.
Bewaffnung: Eine mehrläufige 20-mm-Revolverkanone M61A-1 und als Abfangjäger, zwei bis sechs Luft-Luft-Lenkwaffen AIM-9L/M oder, als Erdkämpfer, bis zu 5683 kg Aussenlasten.
Entwicklungsstand: Der erste von zwei YF-16-Prototypen führte seinen Erstflug am 20. Januar 1974 aus, das erste Serienflugzeug F-16A am 7. August 1978. Die erste F-16C wurde der USAF am 19. Juli 1984 übergeben. Anfangs 1988 waren insgesamt 2975 F-16 bestellt, wovon rund 2000 abgeliefert sind. Geschätzter Gesamtbedarf über 4200 Flugzeuge weltweit. Lizenzproduktion in Belgien und Holland für die Nato-Länder Belgien (160), Dänemark (70), Norwegen (72) und Holland (213). Ausserdem wurden oder werden F-16 an die folgenden Nationen geliefert: Ägypten (80), Bahrain (12), Griechenland (40), Indonesien (12), Israel (150), Südkorea (36), Pakistan (40), Singapur (8), Thailand (12), Türkei (160) und Venezuela (24).
Bemerkungen: Die Versionen F-16C und F-16D können seit 1986 wahlweise mit den Triebwerken F100 oder F110 ausgerüstet werden. Die für die Türkei bestimmten Flugzeuge werden von der einheimischen Flugzeugindustrie in Lizenz hergestellt, mit Beginn der ersten Ablieferungen 1988.
Hersteller: General Dynamics Corporation, Fort Worth Division, Fort Worth, Texas, USA.

GENERAL DYNAMICS F-16 FIGHTING FALCON

Abmessungen: Spannweite 9,45 m, Länge 14,52 m, Höhe 5,01 m, Flügelfläche 27,87 m².

GRUMMAN A-6F INTRUDER II

Ursprungsland: USA.
Kategorie: Zweisitziges, bordgestütztes Allwetter-Kampfflugzeug.
Triebwerke: Zwei Mantelstromtriebwerke General Electric F404-GE-400D von je 4900 kp (48 kN) Standschub.
Leistungen (A-6E): Höchstgeschwindigkeit 1037 km/h auf Meereshöhe; optimale Reisegeschwindigkeit 763 km/h; max. Anfangssteiggeschwindigkeit 38,7 m/Sek; Reichweite mit max. Waffenlast 1627 km, mit Zusatztanks 5222 km.
Gewichte (A-6E): Leer 12 132 kg; max. Startgewicht (Katapultstart) 26 580 kg, (normale Piste) 27 397 kg.
Bewaffnung: Sieben externe Aufhängepunkte, wovon einer unter dem Rumpf. Maximal 8618 kg Waffenlasten.
Entwicklungsstand: Die erste von fünf geplanten A-6F Intruder II flog am 26. August 1987, die zweite im folgenden November und die dritte im Februar 1988 zum erstenmal. Die US Navy will zwischen 1990 und 1995 150 ältere Intruder auf den A-6F-Standard bringen lassen. Wegen Budgetkürzungen ist die Weiterführung des Programms zurzeit sehr fraglich.
Bemerkungen: Die A-6F ist eine mit neuen Triebwerken und neuem Verbundflügel aus Aluminium und Kunststoffen versehene Weiterentwicklung der früheren, mit zwei Pratt & Whitney J52-P-8B angetriebenen A-6E Intruder I. Zudem verfügt die A-6F über eine komplett modernisierte Ausrüstung, ein Radar mit zusätzlicher Luft-Luft-Kapazität und eine erhöhte Zuverlässigkeit und Wartungsfreundlichkeit.
Hersteller: Grumman Corp., Grumman Aircraft Systems Division, Bethpage, New York, USA.

GRUMMAN A-6F INTRUDER II

Abmessungen: Spannweite 16,15 m, Länge 16,69 m, Höhe 4,93 m, Flügelfläche 49,10 m².

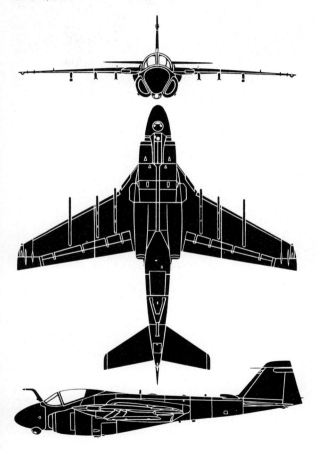

GRUMMAN E-2C HAWKEYE

Ursprungsland: USA.
Kategorie: Bordgestütztes Frühwarn- und Überwachungsflugzeug sowie fliegende Kommandozentrale.
Triebwerke: Zwei Propellerturbinen Allison T56-A-425 von je 4910 WPS (3363 kW) oder, ab 1987 zwei T56-A-427 von je 5250 WPS (3917 kW) Leistung.
Leistungen (T56-A-425 und maximales Startgewicht): Höchstgeschwindigkeit 598 km/h; max. Reisegeschwindigkeit 576 km/h; Anfangssteiggeschwindigkeit 12,8 m/Sek; Dienstgipfelhöhe 9390 m; Einsatzdauer 4 Std. bei einem Aktionsradius von 370 km; max. Flugdauer 6,1 Std.; Überführungsreichweite 2580 km.
Gewichte: Leer 17 265 kg; max. Startgewicht 23 556 kg.
Zuladung: Fünf Mann Besatzung, bestehend aus zwei Piloten und drei Ingenieuren im zentralen Einsatzraum zur Bedienung des ATDS (Airborne Tactical Data System).
Entwicklungsstand: Der erste von zwei Prototypen flog erstmals am 20. Januar 1971, gefolgt vom ersten Serienflugzeug am 23. September 1972. Ein Total von 113 Flugzeugen ist für die US Navy bestellt, fünf für Ägypten, vier für Israel, acht für Japan und vier für Singapur. Davon waren zu Beginn 1988 120 Hawkeyes fertiggestellt gewesen. Die Produktionsrate betrug jährlich sechs Einheiten und soll bis 1995 weitergeführt werden.
Bemerkungen: Gegenwärtig baut Grumman die Version E-2C in Serie. Sie unterscheidet sich von der in 56 Exemplaren hergesstellten E-2A durch die leistungsstärkere Radaranlage APS-120, die fähig ist, Ziele auch über Land aufzuspüren und zu verfolgen. Ab 1983 fand die nochmals verbesserte Anlage APS-138, ab 1987 die APS-139 Verwendung. Ab 1990 schlussendlich wird die APS-145 rückwirkend in alle E-2C eingebaut werden. Diese Radaranlage soll weniger empfindlich auf störende Reflexe über Land sein. Das etwas stärkere Triebwerk T56-A-427 und ein modernisierter Computer mit verbesserter Freund-Feind-Erkennung (IFF) und Cockpitanzeige dürften ab 1988 zum Einbau gelangen.
Hersteller: Grumman Corp., Grummann Aircraft Systems Division, Bethpage, New York, USA.

GRUMMANN E-2C HAWKEYE

Abmessungen: Spannweite 24,56 m, Länge 17,55 m, Höhe 5,69 m, Flügelfläche 65,03 m².

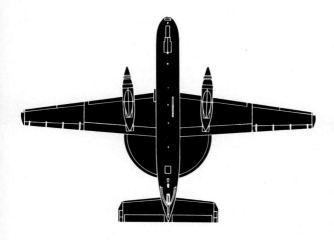

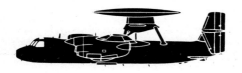

GRUMMAN F-14A (PLUS) TOMCAT

Ursprungsland: USA.
Kategorie: Zweisitziges, bordgestütztes Mehrzweckkampfflugzeug.
Triebwerke: Zwei Mantelstromtriebwerke General Electric F110-GE-400 von je 7334 kp (71,9 kN) Standschub ohne und 12 283 kp (120,4 kN) mit Nachbrenner.
Leistungen: Höchstgeschwindigkeit mit vier halbversenkten Luft-Luft-Lenkwaffen Sparrow 1468 km/h oder Mach 1,2 auf Meereshöhe, bzw. 2485 km/h oder Mach 2,34 auf 12 190 m; Aufenthaltsdauer im Zielgebiet in 278 km Entfernung von der Einsatzbasis und mit zwei abwerfbaren 1060-l-Zusatztanks 2,7 Std.; Einsatzradius als Abfangjäger bei Mach 1,3 820 km.
Gewichte (geschätzt): Leer 19 050 kg; max. Startgewicht 34 020 kg.
Bewaffnung: Eine 20-mm-Revolverkanone M61A-1 und vier Luft-Luft-Lenkwaffen AIM-54A Phoenix, zwei AIM-7E/F Sparrow und zwei AIM-9G/H Sidewinder.
Entwicklungsstand: Die erste F-14A (Plus) fliegt seit dem 29. September 1986, und die Ablieferung von 38 Serien-F-14A (Plus) an die US Navy begann im April 1988. Weitere 32 Maschinen sollen durch ein Modifikationsprogramm auf den F-14A (Plus)-Standard gebracht werden, bevor ab 1990 die definitive F-14D zur Auslieferung gelangen wird.
Bemerkungen: Die F-14A (Plus) unterscheidet sich von der F-14A durch das etwa um 30% stärkere Triebwerk General Electric F110 anstelle des Pratt & Whitney TF30-P-414A. Sie stellt eine Interimslösung der bis zur Auslieferung der mit wesentlich verbesserter Elektronik- und ECM-Ausrüstung versehenen F-14D dar. F-14A (Plus) und F-14D verfügen über eine 60% grössere Reichweite gegenüber dem Basismodell.
Hersteller: Grumman Corporation, Bethpage, New York, USA.

GRUMMAN F-14A (PLUS) TOMCAT

Abmessungen: Spannweite 11,45–19,55 m, Länge 18,90 m, Höhe 4,88 m, Flügelfläche 52,50 m².

GULFSTREAM AEROSPACE GULFSTREAM IV

Ursprungsland: USA.
Kategorie: Firmenflugzeug.
Triebwerke: Zwei Mantelstromtriebwerke Rolls-Royce Tay Mk.610-8 von je 6260 kp (61,38 kN) Standschub.
Leistungen: Max. Reisegeschwindigkeit 962 km/h auf 10670 m (Mach 0,88); Langstrecken-Reisegeschwindigkeit 850 km/h (Mach 0,8); Anfangssteiggeschwindigkeit 19,38 m/Sek; max. Reiseflughöhe 15545 m; Reichweite mit drei Besatzungsmitgliedern und acht Passagieren 7968 km.
Gewichte: Leer 15967 kg; max. Startgewicht 35523 kg.
Zuladung: Zwei bis drei Besatzungsmitglieder und 12, 14 oder 15 Passagiere, je nach Innenausstattung.
Entwicklungsstand: Erstflug des Prototyps am 19. September 1985, Typenzulassung am 22. April 1987 mit Auslieferung der ersten 44 Serienflugzeuge bis Ende 1987. Total 130 bestellte Flugzeuge, wovon bis Ende 1988 wietere 40 fertiggestellt werden sollen.
Bemerkungen: Grundsätzlich eine weiterentwickelte Gulfstream III (siehe Ausgabe 1984) mit strukturell überarbeitetem Flügel, verlängertem Rumpf, Kunststoff-Seitenruder und Tay-Triebwerken anstelle der etwas schwächeren Speys. Der neue Flügel besteht aus 30% weniger Bauteilen im Vergleich zur Gulfstream III. Eine Regionalverkehrs-Ausführung mit einem um 5,64 m gestreckten Rumpf und einem Platzangebot für 24 Erstklasspassagiere befand sich zu Beginn 1988 in Vorbereitung. Ebenso projektiert Grumman Aerospace die Militärversion Gulfstream SRA-4 (Surveillance Reconnaissance Aircraft), welche analog dem Vorgängermodell SRA-1 als Marineüberwachungs- und Patrouillenflugzeug, Seenot-Rettungsflugzeug sowie als Verbindungsmaschine dienen soll. Die Produktionsrate wird vorübergehend für 1988 auf vier Einheiten monatlich angehoben, um sich danach wieder bei drei einzupendeln. Mit einem Weltrundflug vom 12. bis 14. Juni 1987 konnte die Gulfstream IV nicht weniger als 24 Weltrekorde brechen.
Hersteller: Gulfstream Corporation, Savannah, Georgia, USA.

GULFSTREAM AEROSPACE GULFSTREAM IV

Abmessungen: Spannweite 23,72 m, Länge 26,90 m, Höhe 7,60 m, Flügelfläche 88,30 m².

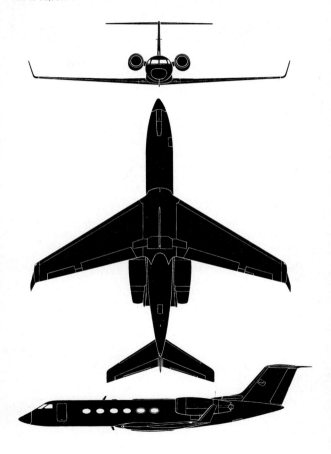

HARBIN SH-5

Ursprungsland: VR China.
Kategorie: Marinepatrouillen- und Seenotrettungsflugzeug sowie U-Boot-Jäger und amphibischer Transporter
Triebwerke: Vier Propellerturbinen Shanghai WJ-5A-1 von je 3150 WPS (2350 kW) Leistung.
Leistungen: Höchstgeschwindigkeit 555 km/h; max. Reisegeschwindigkeit 456 km/h; minimale Patrouilliergeschwindigkeit mit zwei stillgelegten Triebwerken 230 km/h; Dienstgipfelhöhe 7000 m; max. Reichweite 4750 km; max. Flugdauer mit zwei Triebwerken 12–15 Std.
Gewichte: Leer (ASW-Version) 26 500 kg, bzw. (Seenotrettungsversion) 25 000 kg; normal beladen 36 000 kg; max. Startgewicht 45 000 kg.
Zuladung: Fünf Mann Besatzung, bestehend aus Pilot, Copilot, Navigator, Flugingenieur und Funker, ergänzt je nach Art des Einsatzes durch einen Systemoperateur oder Lademeister.
Bewaffnung: Vier Flügelstationen für zwei C-101-Lenkwaffen und zwei Torpedos.
Entwicklungsstand: Der erste von drei Prototypen fliegt seit dem 3. April 1976. Indienststellung bekanntgeworden am 3. September 1986. Zu Beginn 1988 waren zwei chinesische Marineeinheiten mit der SH-5 ausgerüstet.
Bemerkungen: Die SH-5 (**S**hui **H**ongzhaji = Marinebomber) hat eine aussergewöhnlich lange Entwicklungsphase hinter sich. Manchmal auch unter westlicher Bezeichnung PS-5 (**P**atrol **S**eaplane) erwähnt, steht sie zurzeit in zwei Versionen – als Marinepatrouillenflugzeug und U-Boot-Jäger – im Einsatz. Im Laufe von 1987 suchte man nach einem Ersatz für die ASW-Elektronik und -Avionik. Eine Ausrüstung, die auf derjenigen der Dassault-Breguet Atlantique 2 basiert, stand dabei zur Diskussion. In Entwicklung befinden sich zurzeit eine Seenotrettungs- und eine Transporterversion.
Hersteller: Harbin Aircraft Manufacturing Corporation, Harbin, Heilongjiang, VR China.

HARBIN SH-5

Abmessungen: Spannweite 36,00 m, Länge 38,90 m, Höhe 9,79 m, Flügelfläche 144,00 m².

HARBIN Y-12-2

Ursprungsland: VR China.
Kategorie: Leichter STOL-Mehrzwecktransporter.
Triebwerke: Zwei Propellerturbinen Pratt & Whitney Canada PT6A-27 von je 620 WPS (462,6 kW) Leistung.
Leistungen: Max. Reisegeschwindigkeit 328 km/h auf 3000 m; ökonom. Reisegeschwindigkeit 230 km/h auf 3000 m; max. Anfangssteiggeschwindigkeit 8,8 m/Sek; max. Reichweite mit 800 kg Nutzlast und 45 Min. Reserven 1440 km.
Gewichte: Leer 2838 kg; normales Rüstgewicht 2997 kg; max. Startgewicht 5300 kg.
Zuladung: Zwei Piloten und bis zu 17 Passagiere in Dreierreihen. Alternativ-Innenausstattungen als Frachter oder Ambulanzflugzeug. Maximal 1700 kg Nutzlast. Die Y-12-2 kann ebenso als Landwirtschaftsflugzeug eingesetzt werden.
Entwicklungsstand: Der erste von zwei Prototypen (Y-12-1) führte seinen Jungfernflug am 14. Juli 1982 aus, und das erste von drei Entwicklungsflugzeugen fliegt seit 1983. Zu Beginn 1988 waren bereits 24 Serienflugzeuge fertiggestellt gewesen. Die chinesische Zulassung liegt seit Dezember 1985 vor, die amerikanische wurde beantragt und wird 1988 erwartet. Die Produktionsrate beträgt zurzeit 1,5 bis 2 Flugzeuge monatlich.
Bemerkungen: Entstanden aus der siebenplätzigen Kolbenmotormaschine Y-11 (von welcher 40 Einheiten gebaut wurden), ist die Y-12-2 eine weiterentwickelte Serienversion der Y-12-1 (PT6A-10-Triebwerke von je 500 WPS, bzw. 373 kW, Leistung). Hongkong Aircraft Engineering Co. (HAECO) entwickelte eine neue Kabineneinrichtung und eine Klimaanlage. Entsprechende Bausätze und Pläne wurden bereits nach Harbin geliefert. Das PT6A-27-Triebwerk wird in China in Lizenz hergestellt.
Hersteller: Harbin Aircraft Manufacturing Corporation, Harbin, Heilongjiang, VR China.

HARBIN Y-12-2

Abmessungen: Spannweite 17,23 m, Länge 14,86 m, Höhe 5,27 m, Flügelfläche 34,27 m².

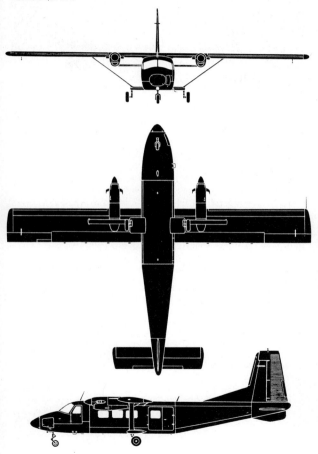

ILJUSCHIN IL-76 (CANDID)

Ursprungsland: UdSSR.
Kategorie: Schwerer Mittel- und Langstreckentransporter und -frachter.
Triebwerke: Vier Mantelstromtriebwerke Solowiew D-30KP von je 12000 kp (117,7 kN) Standschub.
Leistungen: Höchstgeschwindigkeit 850 km/h auf 10000 m; max. Reisegeschwindigkeit 800 km/h auf 9000–13000 m; Langstrecken-Reisegeschwindigkeit 750 km/h; Anfangssteiggeschwindigkeit 9,0 m/Sek; Reichweite mit max. Nutzlast inkl. 45 Min. Reserven 3000 km; Reichweite mit 20000 kg Nutzlast 6500 km.
Gewichte: Max. Startgewicht 170000 kg.
Zuladung: Normalerweise sieben Mann Besatzung, einschliesslich zwei Lademeister. Navigator in der verglasten Rumpfnase unter dem Cockpit. Für das schnelle Umstellen auf einen anderen Einsatzzweck stehen entsprechende Paletten zur Verfügung, z. B. mit 30 Passagiersitzen in Viererreihen. Drei solcher Spezialpaletten finden im Frachtraum der Il-76 Platz. Sie werden über die Heckladerampe ein- und ausgebaut, unter Mithilfe des bordeigenen Hebekranes. Schwere Fahrzeuge, Panzer, selbstfahrende Flugabwehrgeschütze usw. können bis zu einem Maximalgewicht von 30000 kg über die Heckladerampe verladen werden.
Entwicklungsstand: Der erste von vier Prototypen flog erstmals am 25. März 1971, mit Beginn der Ablieferungen an Aeroflot und V-VS 1974. Aeroflot besitzt inzwischen über 50, die V-VS über 270 Maschinen dieses Typs. Zurzeit werden jährlich etwa 30 neue Il-76 hergestellt.
Bemerkungen: Seit der Einführung des Basismodells der Il-76 entstanden verschiedene Spezialausführungen und Weiterentwicklungen, wie etwa die Il-76T mit zusätzlicher Treibstoffkapazität, die militärische Il-76M (Candid-B), die verbesserte Il-76TD und die Il-76MD sowie die Frühwarnmaschine Iljuschin Mainstay (siehe Seiten 132/133). Die Tankerausführung der Il-76 erhielt die NATO-Codebezeichnung Midas. Abgebildet ist eine Il-76MD Gajaraj der indischen Luftwaffe.
Konstrukteur: OKB Sergei V. Iljuschin, Moskau, UdSSR.

ILJUSCHIN IL-76 (CANDID)

Abmessungen: Spannweite 50,50 m, Länge 46,59 m, Höhe 14,76 m, Flügelfläche 300,0 m².

ILJUSCHIN IL-86 (CAMBER)

Ursprungsland: UdSSR.
Kategorie: Mittelstreckenverkehrsflugzeug.
Triebwerke: Vier Mantelstromtriebwerke Kusnjetsow NK-86 von je 13 000 kp (127,5 kN) Standschub.
Leistungen: Max. Reisegeschwindigkeit 950 km/h auf 9000 m; ökonom. Reisegeschwindigkeit 950 km/h auf 11 000 m; Reichweite mit 40 000 kg Nutzlast 3600 km; max. Reichweite 4600 km.
Gewichte: Max. Startgewicht 206 000 kg.
Zuladung: Drei Mann Cockpitbesatzung und bis zu 350 Passagiere in Neunerreihen mit zwei Gängen und unterteilt in drei Kabinenabschnitte mit 111, 141 und 98 Sitzplätzen. In Gemischtklass-Innenausstattung 28 Erstklasspassagiere in Sechserreihen und 208 Economyklasspassagiere in Achterreihen.
Entwicklungsstand: Der erste von zwei Prototypen startete am 22. Dezember 1976 zu seinem Erstflug, mit Beginn der Ablieferungen (an Aeroflot) 1980. Anfangs 1988 waren 60 –70 Flugzeuge fertiggestellt, die Produktionsrate betrug zwei Flugzeuge im Monat.
Bemerkungen: Als erstes sowjetisches Grossraumflugzeug steht die Il-86 alleine bei Aeroflot im Einsatz. Man glaubt allgemein, dass die Leistungen der Il-86 schlechter als erwartet ausfielen. Deshalb kürzte vermutlich Aeroflot ihre Il-86-Bestellungen in Erwartung der Langstreckenmaschine Il-96-300 (siehe Seiten 130/131), obwohl sowjetische Quellen diese als Ergänzung und nicht als Nachfolger zur Il-86 anpreisen. Die Herstellung von Flügeln, Triebwerkkonsolen und Leitwerk obliegt der polnischen Firma WSK-Mielec, wo angeblich bereits 1985 Bauteile für 130 Iljuschin Il-86 fertiggestellt waren.
Konstrukteur: OKB Sergei V. Iljuschin, Moskau, UdSSR.

ILJUSCHIN IL-86 (CAMBER)

Abmessungen: Spannweite 48,06 m, Länge 59,54 m, Höhe 15,81 m, Flügelfläche 329,80 m².

ILJUSCHIN IL-96-300

Ursprungsland: UdSSR.
Kategorie: Langstreckenverkehrsflugzeug.
Triebwerke: Vier Mantelstromtriebwerke Solowiew D-90A von je 16000 kp (156,9 kN) Standschub.
Leistungen (geschätzt): Reisegeschwindigkeit 900 km/h auf 12000 m; ökonom. Reisegeschwindigkeit 850 km/h; Reichweite mit 40000 kg Nutzlast 7500 km, mit 30000 kg Nutzlast 9000 km, und mit 15000 kg Nutzlast 11000 km.
Gewichte: Leer 117000 kg; max. Startgewicht 230000 kg.
Zuladung: Drei Mann Cockpitbesatzung mit typischer Innenausstattung für 22 Erstklass-, 40 Businessklass- und 173 Touristklasspassagiere. Touristenklassausführung für 300 Passagiere in drei Dreierreihen, maximal bis zu 350 Passagiere.
Entwicklungsstand: Der Erstflug der Il-96-300 war für die erste Hälfte 1988 vorgesehen. Daneben ist die Serienherstellung bereits angelaufen, so dass die ersten Maschinen noch 1990 in Dienst gestellt werden können (Aeroflot).
Bemerkungen: Obschon die Il-96-300 grosse Ähnlichkeit mit der Il-86 aufweist, handelt es sich um eine eigentliche Neukonstruktion mit superkritischem Flügel und wesentlich besseren Triebwerken. Einzig der Rumpfquerschnitt des Vorgängermusters Il-86 wurde beibehalten.
Konstrukteur: OKB Sergei V. Iljuschin, Moskau, UdSSR.

ILJUSCHIN IL-96-300

Abmessungen: Spannweite ohne Winglets 57,66 m, Länge 55,35 m, Höhe 17,57 m, Flügelfläche 350,00 m².

ILJUSCHIN A-50 (MAINSTAY)

Ursprungsland: UdSSR.
Kategorie: Frühwarnflugzeug und fliegende Kommandozentrale.
Triebwerke: Vier Mantelstromtriebwerke Solowiew D-30KP von je 12 000 kp (117,7 kN) Standschub.
Leistungen (geschätzt): Max. Reisegeschwindigkeit 764 km/h auf 9000–13000 m; Arbeitsgeschwindigkeit 630–660 km/h auf 9000 m; Patrouillierdauer 6–7 Std. in 1500 km Entfernung vom Stützpunkt.
Gewichte (geschätzt): Max. Startgewicht 172 370 kg.
Zuladung: Wahrscheinlich vier Mann Cockpitbesatzung zuzüglich 9–10 Systemoperateure.
Entwicklungsstand: Als AWACS-Version der Il-76 (siehe Seiten 126/127) fliegt die A-50 seit 1979/80 und befindet sich seit 1986 in rund 8–9 Exemplaren im Einsatz. Es wird vermutet, dass jährlich etwa fünf dieser Frühwarnflugzeuge produziert werden.
Bemerkungen: Nachfolger der Tupolew Tu-126 Moss bei der sowjetischen Vojsko PVO (Heimatlandverteidigung). Entwickelt aus dem Transportflugzeug Il-76, verfügt die von sowjetischen Quellen als A-50 bezeichnete Maschine über einen gegenüber dem Basismodell etwas längeren Rumpf. Man glaubt, dass sie fähig ist, auch tieferfliegende Ziele wie Marschflugkörper und feindliche Flugzeuge zu erfassen sowie den Einsatz eigener Luftstreitkräfte über europäischen oder asiatischen Kriegsgebieten zu koordinieren. Insbesondere scheint die MiG-31 (siehe Seiten 164/165) mit der A-50 zusammen ein gut abgestimmtes Abwehrsystem zu bilden. 1987 wurde zudem die Zusammenarbeit zwischen einer A-50 und einer Anzahl Abfangjäger Su-27 über der Kolahalbinsel beobachtet.
Konstrukteur: OKB Sergei V. Iljuschin, Moskau, UdSSR.

ILJUSCHIN A-50 (MAINSTAY)

Abmessungen: Spannweite 50,50 m, Länge 47.50 m, Höhe 14,76 m, Flügelfläche 300,00 m².

KAWASAKI T-4

Ursprungsland: Japan.
Kategorie: Zweisitziger Basistrainer.
Triebwerke: Zwei Mantelstromtriebwerke Ishikawajima-Harima XF-3-30 von je 1660 kp (16,3 kN) Standschub.
Leistungen (Schätzungen des Herstellers): Höchstgeschwindigkeit 927 km/h oder Mach 0,75 auf Meereshöhe, bzw. 990 km/h oder Mach 0,9 auf 7620 m; max. Reisegeschwindigkeit 815 km/h auf 9145 m; max. Anfangssteiggeschwindigkeit 50,8 m/Sek; Dienstgipfelhöhe 12200 m; Reichweite ohne Zusatztanks 1390 km, mit zwei 540-l-Zusatztanks 1668 km.
Gewichte: Leer 3700 kg; normales Startgewicht 5500 kg; max. Startgewicht 7500 kg.
Bewaffnung: Ein 7,6-mm-MG-Behälter unter dem Rumpf und zwei Luft-Luft-Lenkwaffen AIM-9L Sidewinder an den beiden Flügelstationen oder bis zu vier 227-kg-Übungsbomben.
Entwicklungsstand: Der erste von vier XT-4-Prototypen ist am 29. Juli 1985 erstmals geflogen, gefolgt von den übrigen drei im Februar, April und Juni 1986. Die Serienherstellung der T-4 wurde 1987 aufgenommen, mit Beginn der Ablieferung der ersten von rund 200 benötigten Flugzeugen voraussichtlich Mitte 1988.
Bemerkungen: Für die Serienherstellung der T-4 ist Kawasaki Hauptauftragnehmer, mit Mitsubishi als Lieferant von Rumpfmittelteil und -heck, Triebwerkeinläufen und Seitenflosse und Fuji von Rumpfnase und Flügel. Die T-4 wird hauptsächlich die Fuji T-1 und die Lockheed T-33 als Schulflugzeuge ersetzen. Sie ist aber auch für eine Reihe anderer Aufgaben, z. B. als Verbindungs- und Zielschleppflugzeug, vorgesehen. Die T-4 ist die erste japanische Eigenentwicklung mit einheimischem Triebwerk seit 25 Jahren und basiert auf der Projektstudie Kawasaki KA-850. Obschon die Japaner seit 1945 keine Waffen mehr ausführen dürfen, ist eine unbewaffnete Exportversion geplant.
Hersteller: Kawasaki Heavy Industries Ltd., Werk Gifu, Japan.

KAWASAKI T-4

Abmessungen: Spannweite 9,90 m, Länge 13,00 m, Höhe 4,60 m, Flügelfläche 21,60 m².

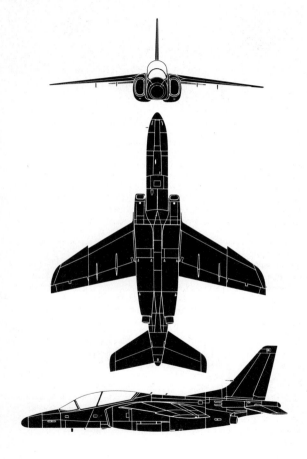

LET L-610

Ursprungsland: Tschechoslowakei.
Kategorie: Regionalverkehrsflugzeug.
Triebwerke: Zwei Propellerturbinen Motorlet M602 von je 1822 WPS (1359,4 kW) Leistung.
Leistungen (Schätzungen des Herstellers): Max. Reisegeschwindigkeit 490 km/h auf 7200 m; Langstrecken-Reisegeschwindigkeit 408 km/h auf 7200 m; max. Anfangssteiggeschwindigkeit 9,5 m/Sek; Dienstgipfelhöhe 10 250 m; Reichweite mit max. Nutzlast und 45 Min. Reserven 870 km; max. Reichweite 2406 km.
Gewichte (Schätzungen des Herstellers): Rüstgewicht 8730 kg; max. Startgewicht 14 000 kg.
Zuladung: Zwei Piloten und, mit Standardeinrichtung, 40 Passagiere in Viererreihen mit zentralem Mittelgang.
Entwicklungsstand: Erstflug des ersten von fünf Prototypen (wovon einer für die statischen Bruchversuche bestimmt ist) 1988, mit Zertifizierung und Beginn der Ablieferungen im Laufe von 1990.
Bemerkungen: Die L-610 wurde speziell für Kurzstreckeneinsätze über Etappendistanzen von 400 bis 600 km entworfen und soll den kleineren Mehrzwecktransporter L-410 (siehe Ausgabe 1986) nach oben ergänzen. Die L-410 befindet sich seit 1970 ununterbrochen und in verschiedenen Ausführungen im Serienbau. Obschon beide Flugzeuge äusserlich eine gewisse Ähnlichkeit besitzen, haben sie keine Bauteile gemeinsam. Die L-610 entstand in Zusammenarbeit mit dem tschechischen Luftfahrt-Forschungsinstitut sowie den Firmen Motorlet und Avia.
Hersteller: Let Národni Podnik, Uherské Hradiste-Kunovice, Kunovice, Tschechoslowakei.

LET L-610

Abmessungen: Spannweite 25,60 m, Länge 21,42 m, Höhe 7,61 m, Flügelfläche 56,00 m².

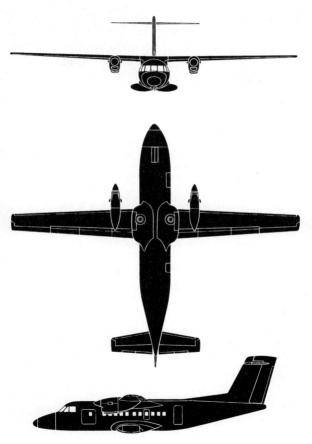

LOCKHEED C-5B GALAXY

Ursprungsland: USA.
Kategorie: Schwerer strategischer Transporter.
Triebwerke: Vier Mantelstromtriebwerke General Electric TF39-GE-1C von je 18 643 kp (128,8 kN) Standschub.
Leistungen: Höchstgeschwindigkeit 919 km/h auf 7620 m; Reisegeschwindigkeit 888 km/h bis 980 km/h auf 7620 m; ökonom. Reisegeschwindigkeit 833 km/h; max. Anfangssteiggeschwindigkeit 8,75 m/Sek; Reichweite mit max. Nutzlast 4390 km; max. Reichweite inkl. Reserven 11 024 km.
Gewichte: Rüstgewicht 160 643 kg; max. Startgewicht 348 820 kg.
Zuladung: Fünf Mann Besatzung plus 15 Personen im Kabinenvorderteil und 75 Personen in der rückwärtigen Kabine. Im Frachtraum lassen sich entweder 270 Sitzplätze auf Paletten installieren, bis zu 36 Standard-Frachtpalette Typ 463L unterbringen oder verschiedene andere Lasten befördern, darunter Lastwagen, Panzer, Boden-Boden-Lenkwaffen oder Kampfhubschrauber.
Entwicklungsstand: Der Erstflug der C-5B fand am 10. September 1985 statt, und die erste Ablieferung erfolgte im Dezember 1985. Insgesamt 50 Flugzeuge sind bestellt. Die monatliche Produktionsrate wird bis zum Januar 1988 kontinuierlich auf zwei Flugzeuge gesteigert. Die erste C-5B wurde der USAF am 8. Januar 1986 übergeben. Die fünfzigste und letzte Maschine soll Anfang 1989 abgeliefert sein.
Bemerkungen: Die Serienproduktion des C-5A war im Mai 1973 mit dem Bau von 81 Maschinen beendet, wurde nun aber kürzlich mit der verbesserten C-5B wieder aufgenommen. Im übrigen unterscheiden sich die beiden Galaxy-Versionen insgesamt in etwa 40 Details, u. a. modernere Avionik, stärkere Triebwerke, Kohlefaserbremsen. In einem laufenden Grundüberholungsprogramm werden zurzeit alle C-5A mit den neuen, verstärkten Flügeln ausgerüstet, nachdem schwerwiegende Flügelstrukturprobleme aufgetreten waren.
Hersteller: Lockheed Corporation, Georgia Division, Marietta, Georgia, USA.

LOCKHEED C-5B GALAXY

Abmessungen: Spannweite 67,88 m, Länge 75,53 m, Höhe 19,34 m, Flügelfläche 575,98 m².

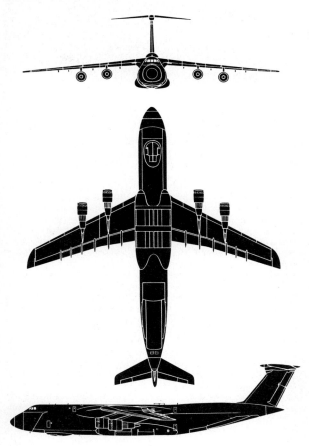

LOCKHEED L-100-30 HERCULES

Ursprungsland: USA.
Kategorie: Militärischer und ziviler Mittelstrecken- und Langstreckentransporter.
Triebwerke: Vier Propellerturbinen Allison T56-A-15 von je 4910 WPS (3663,4 kW) Leistung.
Leistungen: Max. Reisegeschwindigkeit 620 km/h auf 6100 m; Langstrecken-Reisegeschwindigkeit 556 km/h; Reichweite mit max. Nutzlast 3700 km; Überführungsreichweite mit Aussentanks und 10 296 l zusätzlichem Treibstoff 8617 km.
Gewichte: Rüstgewicht 36 036 kg; max. Startgewicht 70 310 kg.
Zuladung: Vier Mann Besatzung und 128 Soldaten, 92 Fallschirmspringer oder 97 Patienten samt Pflegepersonal. Als Frachter vermag die L-100-30 sieben Frachtpaletten zu befördern.
Entwicklungsstand: Zu Beginn 1988 hatte Lockheed 1832 Hercules aller Varianten gebaut und abgeliefert, und die Produktionsrate betrug drei Flugzeuge monatlich. 105 Hercules befinden sich zurzeit im zivilen Einsatz.
Bemerkungen: Die Lockheed L-100-30 und ihr militärisches Gegenstück, die C-130H-30, sind die gestreckten Ausführungen des Basismusters der Hercules. Bereits die erste Zivilversion der Hercules, die L-100-20, besass einen um 2,54 m längeren Rumpf gegenüber der Militärversion, und die L-100-30, welche gleichermassen als Militär- und Zivilflugzeug verwendet werden kann, erhielt eine nochmals um 2,03 m vergrösserte Rumpflänge. Die Militärversion C-130H-30 steht in Algerien, Frankreich, Indonesien, Ecuador, Kamerun und Nigeria im Einsatz. Zudem wurden 30 Hercules C.Mk.3 (mit dem langen Rumpf der C-130H-30) umgebaut. Bis heute stellte Lockheed rund 40 Hercules-Versionen her und belieferte zivile und militärische Kunden in 57 Ländern.
Hersteller: Lockheed Corporation, Georgia Division, Marietta, Georgia, USA.

LOCKHEED L-100-30 HERCULES

Abmessungen: Spannweite 40,41 m, Länge 34,37 m, Höhe 11,66 m, Flügelfläche 162,12 m².

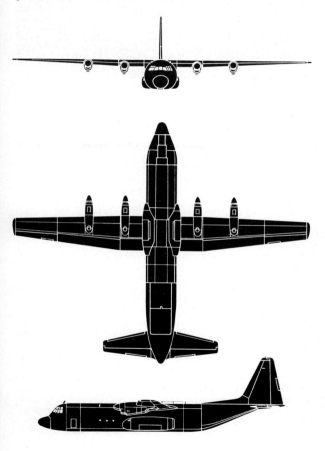

LOCKHEED P-3C ORION

Ursprungsland: USA.
Kategorie: Langstrecken-Marinepatrouillenflugzeug.
Triebwerke: Vier Propellerturbinen Allison T56-A-14W von je 4910 WPS (3663,3 kW) Leistung.
Leistungen: Höchstgeschwindigkeit bei einem Fluggewicht von 47 625 kg 761 km/h auf 4570 m; Reisegeschwindigkeit 639 km/h auf 7620 m; Patrouilliergeschwindigkeit 370 km/h auf 460 m; Patrouillierdauer mit vier Triebwerken auf 460 m 12,3 Std., mit nur zwei laufenden Triebwerken 17 Std.; Einsatzradius 4076 km; Einsatzradius mit drei Std. Aufenthalt im Zielgebiet 3110 km.
Gewichte: Leer 27 890 kg; normales Startgewicht 60 558 kg; max. Startgewicht 64 410 kg.
Zuladung: Normalerweise zehn Mann Besatzung, davon fünf im zentralen Einsatzraum.
Bewaffnung: Zwei Mk.101-Tiefenbomben und vier Mk.43-, 44- und 46-Torpedos oder acht Mk.54-Bomben im Waffenschacht sowie bis zu 6220 kg äussere Waffenlasten, verteilt unter zehn Flügelstationen.
Entwicklungsstand: Erstflug des Prototyps YP-3C am 8. Oktober 1968. Zu Beginn 1987 befand sich die Version P3C Update III im Serienbau. Die Ablieferung dieser neuen Version begann im Mai 1984. Insgesamt soll die US Navy 289 P3C aller Ausführungen erhalten. Weitere Orions werden durch Kawasaki für die japanische Marine in Lizenz hergestellt, welche einen Bedarf von 100 Maschinen hat.
Bemerkungen: Die P-3C ersetzt auf der Montagestrasse die P-3A und P-3B (157 bzw. 125 Exemplare hergestellt) und wird nebst Japan von folgenden Ländern eingesetzt: 20 für die RAF, sechs P-3F für den Iran, 18 CP-140 Aurora für die kanadische Luftwaffe und 13 für die niederländische Marine. Die US Navy plant die Beschaffung von 125 P-3D mit Update-IV-Avionik, moderneren Triebwerken, Zweimann-Cockpit und verlängerter Waffenwanne für 1990-95.
Hersteller: Lockheed Corporation, California Division, Burbank, California, USA.

LOCKHEED P-3C ORION

Abmessungen: Spannweite 30,37 m, Länge 35,61 m, Höhe 10,29 m, Flügelfläche 120,77 m².

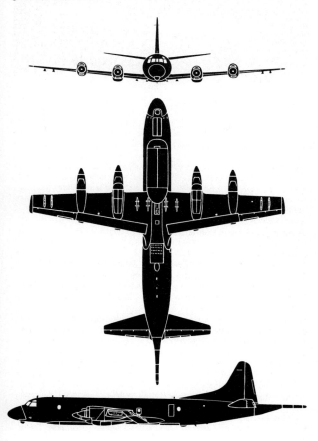

LOCKHEED P-3 SENTINEL

Ursprungsland: USA.
Kategorie: Frühwarnflugzeug und fliegende Kommandozentrale.
Triebwerke: Vier Propellerturbinen Allison T56-A-14 von je 4910 WPS (3662 kW) Leistung.
Leistungen: Max. Reisegeschwindigkeit 660 km/h auf 4570 m; ökonom. Reisegeschwindigkeit 600 km/h auf 7620 m; durchschnittliche Patrouilliergeschwindigkeit 386 km/h auf 7620 m; Patrouillierdauer ohne Flugbetankung 8½ Std. in 1480 km Entfernung vom Stützpunkt; max. Reichweite 7783 km; max. Flugdauer 14 Std.
Gewichte: Leer 31 096 kg; max. Startgewicht 61 132 kg.
Zuladung: Vier Mann Cockpitbesatzung sowie ein vier- bis zehnköpfiges Kommandoteam, je nach Ausrüstung und Einsatzart. Ruheräume für Ersatzmannschaft.
Entwicklungsstand: Der zur Sentinel umgebaute Prototyp der P-3B fliegt seit dem 13. Juni 1984, mit voll einsatzfähiger Radaranlage seit 1988. Im Juni 1987 erteilte die amerikanische Küstenwache einen Auftrag für eine Sentinel; sie hält ausserdem drei Optionen. Ablieferungsbeginn Anfang 1989.
Bemerkungen: Die Sentinel ist eine Spezialversion des Marinepatrouillenflugzeugs P-3 Orion (siehe Seiten 142/143) und lässt sich je nach Einsatzzweck mit verschiedenen leistungsfähigen (und teuren) Radaranlagen ausrüsten. So sind die Maschinen für die amerikanische Zollbehörde, die zur Überwachung der hauptsächlichen Drogenschmuggelwege in die USA bestimmt sind, mit einem relativ einfachen APS-125-Radar versehen. Möglicherweise kommt aber später das ab 1989 verfügbare APS-145 zum Einbau, wofür eine entsprechende Option besteht. Versionen mit wesentlich besserer Elektronik werden zurzeit den Betreibern von P-3-Patrouillenflugzeugen offeriert.
Hersteller: Lockheed Corporation, California Division, Burbank, California, USA.

LOCKHEED P-3 SENTINEL

Abmessungen: Spannweite 30,37 m, Länge 32,80 m, Höhe 10,27 m, Flügelfläche 120,77 m².

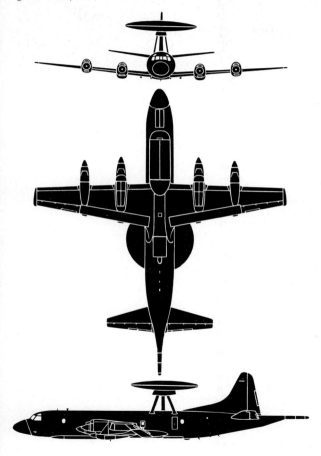

LTV YA-7F CORSAIR II

Ursprungsland: USA.
Kategorie: Einsitziges Erdkampfflugzeug.
Triebwerke: Ein Mantelstromtriebwerk Pratt & Whitney F100-PW-220 von 6520 kp (64 kN) Standschub ohne und 10 809 kp (106 kN) mit Nachbrenner.
Leistungen (geschätzt): Höchstgeschwindigkeit ohne Aussenlasten 1292 km/h auf 3050 m (Mach 1,1), mit zwei Mk.84-Bomben, LANA- und ECM-Behältern, zwei AIM-9-Lenkwaffen und 50 Prozent Treibstoffzuladung 1151 km/h auf 3050 m (Mach 0,98); Einsatzradius 1240 km (Einsatzprofil hoch-tief-hoch), bzw. 357 km (Einsatzprofil tief-tief-tief).
Gewichte: Max. Startgewicht 20 866 kg.
Bewaffnung: Eine 20-mm-Revolverkanone M-61A-1 Vulcan sowie typischerweise sechs 227-kg-Bomben Mk.82 und zwei Luft-Luft-Lenkwaffen AIM-9. Insgesamt zwei Rumpf- und sechs Flügelstationen für bis zu 7883 kg Aussenlasten.
Entwicklungsstand: Zwei YA-7F (umgebaute A-7D) sollen im Laufe von 1988 für Versuchsflüge bereitstehen, mit geplantem Ablieferungsbeginn an die USAF im folgenden Jahr.
Bemerkungen: Die YA-7F ist eine komplett erneuerte und kampfwertgesteigerte Version der A-7D, und es ist vorgesehen, mindestens 330 A-7D der Air National Guard auf diesen moderneren Standard zu bringen. Hauptsächlichste Änderungen sind ein um 1,20 m längerer Rumpf, ein Triebwerkschacht für den wahlweisen Einbau der beiden Triebwerke GE F110-GE-100 oder P & W F100-PW-220, ein höheres Seitenleitwerk und zusätzliche Auftriebshilfen. Zur Ausrüstung wird ein LANA-Behälter (Low Altitude Night Attack, Nacht-Tiefangriff) gehören. Die A-7F wird voraussichtlich bis ins Jahr 2010 als Frontflugzeug bei der Truppe bleiben.
Hersteller: LTV Aircraft Products Group, Dallas, Texas, USA.

LTV YA-7F CORSAIR II

Abmessungen: Spannweite 11,80 m, Länge 15,27 m, Höhe 4,90 m, Flügelfläche 34,83 m².

McDONNELL DOUGLAS F-15E EAGLE

Ursprungsland: USA.
Kategorie: Zweisitziger Luftüberlegenheitsjäger und Erdkämpfer.
Triebwerke: Zwei Mantelstromtriebwerke Pratt & Whitney F100-PW-200 von je 658 kp (64 kN) Standschub ohne und 10637 kp (104,3 kN) mit Nachbrenner.
Leistungen (F100-PW-220): Kurzzeitig erreichbare Höchstgeschwindigkeit 2443 km/h oder Mach 2,3 auf 12190 m; Dienstgipfelhöhe 18300 m; Überführungsreichweite mit Zusatztanks 5734 km.
Gewichte: Rüstgewicht 14379 kg; max. Startgewicht 36741 kg.
Bewaffnung: Eine sechsläufige 20-mm-Revolverkanone M61A1 und bis zu 10659 kg Aussenlasten (Erdkampf) bzw. bis zu je vier Luft-Luft-Lenkwaffen AIM-7F Sparrow und AIM-9L Sidewinder oder bis zu acht AIM-20 (Luftüberlegenheitseinsatz).
Entwicklungsstand: Die erste F-15E begann mit den Testflügen am 11. Dezember 1986, gefolgt vom ersten Serienflugzeug Ende 1987. Ablieferung an die USAF ab 1988 (benötigt werden 392 Flugzeuge, mit Einsatzbereitschaft ab Ende 1988). Drei Prototypen werden zurzeit erprobt.
Bemerkungen: Auch für den Erdkampfeinsatz geeignete Ausführung der F-15C (siehe Ausgabe 1986) mit verstärkter Struktur, höheren Beschleunigungslimiten und für den Allwettereinsatz im Tiefflug ergänzter Avionik (Hughes APG-70-Radar, Infrarotausrüstung FLIR, LANTIRN-Tiefflug-Navigations- und Nachtfluggerät). Gegenwärtig werden neben der F-15E die Luftüberlegenheitsversion F-15C und ihr Doppelsitzer F-15D in Serie gebaut. Dank verstärkter Zelle weist die F-15E die doppelte Lebensdauer gegenüber früheren Eagle-Versionen auf. Die Triebwerkschächte sind so konstruiert, dass die beiden Triebwerke F100-PW-220 und F110 sowie deren spätere Weiterentwicklungen ohne Änderungen wahlweise eingebaut werden können.
Hersteller: McDonnell Douglas Corporation, McDonnell Aircraft Company, St. Louis, Missouri, USA.

McDonnell Douglas F-15E EAGLE

Abmessungen: Spannweite 13,05 m, Länge 19,43 m, Höhe 5,63 m, Flügelfläche 56,50 m².

McDONNELL DOUGLAS F/A-18A HORNET

Ursprungsland: USA.
Kategorie: Einsitziges bord- oder landgestütztes Mehrzweck- und Erdkampfflugzeug.
Triebwerke: Zwei Mantelstromtriebwerke General Electric F404-GE-400 von je 4810 kp (47,2 kN) Standschub ohne und 7167 kp (70,3 kN) mit Nachbrenner.
Leistungen: Höchstgeschwindigkeit mit Luft-Luft-Lenkwaffen an den Flügelspitzen und unter dem Rumpf 1915 km/h oder Mach 1,8 auf 12 150 m; Anfangssteiggeschwindigkeit mit halber Treibstoffzuladung und vier Lenkwaffen 304,6 m/Sek; Aktionsradius (Luftpatrouille) ohne Zusatztanks 770 km, mit drei 1192-l-Zusatztanks 1180 km.
Gewichte: Leer 12 700 kg; normales Startgewicht für Luftüberlegenheitseinsatz mit halber Treibstoffzuladung und vier Lenkwaffen 16 240 kg; max. Startgewicht 25 400 kg.
Bewaffnung: Eine 20-mm-Revolverkanone M61A1 plus je zwei Luft-Luft-Lenkwaffen AIM-7E/F Sparrow und AIM-9G/H Sidewinder oder, als Erdkämpfer, bis zu 7711 kg Waffenlasten extern.
Entwicklungsstand: Das erste von elf Entwicklungsflugzeugen (einschliesslich zwei Doppelsitzern TF-18A) startete am 18. November 1978 zu seinem Erstflug. Zu Beginn 1988 standen insgesamt 1150 Hornets für die US Navy und das US Marine Corps auf der Auftragsliste, worunter 153 Doppelsitzer F/A-18B. Die erste Serien-F/A-18A fliegt seit dem April 1980, die erste F/A-18C seit dem 3. September 1987. Zu Beginn 1988 waren rund 570 Hornets abgeliefert. Die landgestützte Ausführung der Hornet wurde auch von Australien (57 F/A-18A und 18 F/A-18B), Kanada (113 CF-18A und 24 CF-18B) und Spanien (72 EF-18A und F/A-18B) bestellt.
Bemerkungen: Ursprünglich war geplant, je eine separate Jagd- und Erdkampfversion der Hornet zu bauen, doch liessen sich schlussendlich die Anforderungen in einem einzigen Typ, der F/A-18, vereinen. Die F/A-18C verfügt über eine Anzahl neuer Systeme und die Möglichkeit, eine Aufklärungsausrüstung mitzuführen. Zweisitzerausführung F/A-18D. Die F/A-18C kandidiert bei der Schweizer Flugwaffe als Mirage-III-Nachfolger.
Hersteller: McDonnell Douglas Corporation, McDonnell Aircraft Company, St. Louis, Missouri, USA.

McDonnell Douglas F/A-18A HORNET

Abmessungen: Spannweite 11,43 m, Länge 17,07 m, Höhe 4,67 m, Flügelfläche 36,79 m².

McDONNELL DOUGLAS KC-10A EXTENDER

Ursprungsland: USA.
Kategorie: Tanker und Transportflugzeug.
Triebwerke: Drei Mantelstromtriebwerke General Electric CF6-50C2 von je 23 814 kp (233,5 kN) Standschub.
Leistungen: Höchstgeschwindigkeit 988 km/h auf 10 060 m; max. Reisegeschwindigkeit 957 km/h auf 9450 m; Aktionsradius als fliegender Tanker mit 90 920 kg Treibstoff an Bord 3540 km; max. Reichweite mit 77 112 kg Fracht 7033 km.
Gewichte: Rüstgewicht als Tanker 108 749 kg, bzw. 110 660 kg als Frachter; max. Startgewicht 267 624 kg.
Zuladung: Fünf Mann Besatzung. Aufenthaltsraum für Reservebesatzung mit Schlafkojen. Je nach Einsatzzweck lassen sich zudem 14, 55 oder maximal 80 Personen unterbringen. Als Frachter vermag die Extender bis zu 27 Normalpaletten des Typs 463L zu befördern.
Entwicklungsstand: Die KC-10A flog am 12. Juli 1980 erstmals und befindet sich seit dem 1. Oktober 1981 im Einsatz bei der USAF. Die 60 bestellten Flugzeuge sollen bis 1989 ausgeliefert sein.
Bemerkungen: Die Extender ist eine militärische Version des bekannten Verkehrsflugzeuges DC-10-30 (siehe Ausgabe 1983) mit einem Frachttor und einer Flugbetankungsanlage samt zusätzlichen Treibstofftanks im Frachtraum und einer Betankungssonde im Rumpfheck. Nachträglich sollen alle KC-10A mit zwei zusätzlichen Betankungseinrichtungen unter den Aussenflügeln ausgerüstet werden, womit gleichzeitig drei Flugzeuge im Flug aufgetankt werden könnten. Die wesentlich grössere Nutzlast der KC-10A gegenüber der KC-135 erlaubt es, bei Verlegung z. B. einer Jägerstaffel, nicht nur als Tanker zu dienen, sondern auch gleich Bodenpersonal und Ersatzteile mitzunehmen.
Hersteller: McDonnell Douglas Corporation, Douglas Aircraft Company, Long Beach, California, USA.

McDONNELL DOUGLAS KC-10A EXTENDER

Abmessungen: Spannweite 50,42 m, Länge 55,47 m, Höhe 17,70 m, Flügelfläche 367,70 m².

McDONNELL DOUGLAS/BAe T-45A GOSHAWK

Ursprungsland: USA und Grossbritannien.
Kategorie: Zweisitziger bord- und landgestützter Basis- und Fortgeschrittenentrainer.
Triebwerke: Ein Mantelstromtriebwerk Rolls-Royce/Turboméca F405-RR-400L (Adour Mk.861-49) von 2472 kp (24,24 kN) Standschub.
Leistungen: Höchstgeschwindigkeit 980 km/h auf 2440 m (Mach 0,85); Anfangssteiggeschwindigkeit 34,24 m/Sek; Steigzeit auf 9145 m 6,88 Min.; Dienstgipfelhöhe 12955 m; Überführungsreichweite 1853 km, mit zwei abwerfbaren 591-l-Zusatztanks 2928 km.
Gewichte: Leer 4234 kg; max. Startgewicht 5829 kg.
Entwicklungsstand: Der erste von zwei Prototypen der T-45A flog am 16. April 1988 zum erstenmal. Die US Navy möchte insgesamt 302 T-45A beschaffen, wovon die erste, 60 Flugzeuge umfassende Serie, am 23. Mai 1986 definitiv in Auftrag gegeben wurde. In der Zeitspanne 1991–95 will die US Navy jährlich weitere 48 Maschinen bestellen. Die erste einsatzfähige Staffel (mit zwölf Flugzeugen) wird im September 1990 gebildet.
Bemerkungen: Die T-45A Goshawk wurde aus der BAe Hawk entwickelt (siehe Seiten 54/55) und soll ein Teil eines integralen Trainingssystems (T-45 Training System) bilden. Dieses beinhaltet neben dem Flugzeug auch Simulatoren, die Infrastruktur und logistische Unterstützung. 76 Prozent aller Bauteile für die Goshawk werden in den USA hergestellt. Unterschiede zur britischen Hawk sind im zusätzlichen Fanghaken, den verlegten Luftbremsen, im verstärkten Fahrwerk für Trägerstarts und -landungen sowie einigen Änderungen am Klappensystem der Flügel zu finden.
Hersteller: McDonnell Douglas Corporation, St. Louis, Missouri, USA, und British Aerospace PLC, Weybridge Division, Kingston-upon-Thames, Surrey, Grossbritannien.

McDONNELL DOUGLAS/BAe T-45A GOSHAWK

Abmessungen: Spannweite 9,39 m, Länge 11,97 m, Höhe 4,12 m, Flügelfläche 16,69 m².

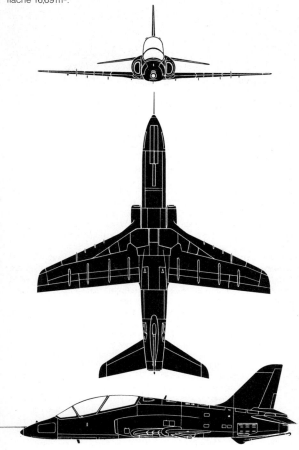

McDONNELL DOUGLAS MD-87

Ursprungsland: USA.
Kategorie: Kurz- und Mittelstreckenverkehrsflugzeug.
Triebwerke: Zwei Mantelstromtriebwerke Pratt & Whitney JT8D-217B/C von je 9462 kp Standschub.
Leistungen: Max Reisegeschwindigkeit 925 km/h auf 8230 m; ökonom. Reisegeschwindigkeit 840 km/h auf 10060 m; Langstrecken-Reisegeschwindigkeit 813 km/h auf 10670 m; Reichweite mit max. Nutzlast 3450 km; max. Reichweite 5480 km.
Gewichte: Rüstgewicht 33253 kg; max. Startgewicht 63500 kg.
Zuladung: Zwei Piloten und maximal 115 bis 139 Passagiere in Fünferreihen (Einheitsklasse), mit Alternativ-Innenausstattungen für gemischte Klassen gemäss Kundenwünschen.
Entwicklungsstand: Die erste MD-87 führte ihren Jungfernflug am 4. Dezember 1986 aus, mit Beginn der Ablieferungen (an Austrian und Finnair) im September 1987. Im Juni 1988 lagen insgesamt 976 Aufträge für die verschiedenen Versionen der MD-80 vor, wovon über 450 abgeliefert gewesen waren. Die Produktionsrate betrug acht Flugzeuge im Monat.
Bemerkungen: Die MD-87 ist die zurzeit kleinste Ausführung des Basismusters MD-80, mit einem um 5,30 m kürzeren Rumpf gegenüber der MD-81, -82, -83 und -88. Letztere Versionen unterscheiden sich untereinander hauptsächlich in Gewicht und Triebwerkmodell. Die MD-88 ist im übrigen eine MD-82 mit modernerem Cockpit. Alle Flugzeuge der MD-80-Familie basieren auf demselben Flügel und lassen sich mit Triebwerken der JT8D-200-Reihe ausrüsten. Die MD-80 wird unter einem Lizenzbauabkommen mit steigendem Anteil der einheimischen Industrie und unter der Leitung der Shanghai Aviation Industrial Corporation in der VR China nachgebaut (wobei die ersten 25 Flugzeuge in Form von Bausätzen aus den USA angeliefert wurden).
Hersteller: McDonnell Douglas Corporation, Douglas Aircraft Company, Long Beach, California, USA.

McDONNELL DOUGLAS MD-87

Abmessungen: Spannweite 32,85 m, Länge 39,75 m, Höhe 9,30 m, Flügelfläche 117,98 m².

McDONNELL DOUGLAS TAV-8B HARRIER II

Ursprungsland: USA und Grossbritannien.
Kategorie: Zweisitziges Trainingsflugzeug.
Triebwerke: Ein Schwenkdüsen-Mantelstromtriebwerk Rolls-Royce F402-RR-406 von 9730 kp Standschub.
Leistungen: Höchstgeschwindigkeit 1074 km/h auf Meereshöhe (Mach 0,87) oder 945 km/h (Mach 0,9) in Reiseflughöhe; Überführungsreichweite mit zwei 1136-l-Aussentanks 2650 km.
Gewichte: Rüstgewicht 6451 kg; max. Startgewicht für Kurzstart 13 495 kg.
Bewaffnung: Zwei Doppel-Aufhängepunkte unter den Flügeln für vier LAU-68-Raketenwerfer oder sechs Mk.76-Übungsbomben.
Entwicklungsstand: Die erste von 28 für das US Marine Corps bestellten TAV-8B flog am 21. Oktober 1986 erstmals und wurde Mitte 1987 der Truppe übergeben.
Bemerkungen: Als zweisitzige Ausführung des Erdkämpfers AV-8A soll die TAV-8B beim USMC hauptsächlich zur Umschulung von Piloten auf Kurz- und Senkrechtstarter dienen. Die TAV-8B wurde von McDonnell Douglas in Zusammenarbeit mit British Aerospace, Hersteller des britischen Basismusters Harrier GR Mk.5 (siehe Seiten 52/53), entwickelt. Hauptsächlichste Merkmale sind der komplett neue Vorderrumpf mit zweisitzigem Cockpit und ein höheres Seitenleitwerk. Avionik und Triebwerk wurden unverändert von der einsitzigen Ausführung übernommen, die Cockpitinstrumentierung ist ganz einfach doppelt vorhanden. Auch die Flugeigenschaften unterscheiden sich nicht von der AV-8A. Die TAV-8B ersetzt die britischen TAV-8A Harrier bei der V/STOL-Umschulungsstaffel des US Marine Corps (VMAT-203 in Cherry Point, North Carolina), wo die zukünftigen Harrierpiloten nicht nur das Starten und Landen erlernen, sondern auch mit den besonderen Kampftechniken eines Schwenkdüsenflugzeuges bekannt gemacht werden. Die TAV-8B wird für die Piloten- und Waffenschulung eingesetzt, lässt sich aber nicht als Kampfflugzeug verwenden.
Hersteller: McDonnell Douglas Corporation, St. Louis, Missouri, USA.

McDONNELL DOUGLAS TAV-8B HARRIER II

Abmessungen: Spannweite 9,24 m, Länge 15,39 m, Höhe 4,08 m, Flügelfläche 22,15 m².

MIKOJAN MIG-27M (FLOGGER-J)

Ursprungsland: UdSSR.
Kategorie: Einsitziges taktisches Erdkampfflugzeug.
Triebwerke: Ein Strahltriebwerk Tumanski R-29-300 von 8020 kp (78,6 kN) Standschub ohne und 11 500 kp (112,7 kN) mit Nachbrenner.
Leistungen: Höchstgeschwindigkeit ohne Aussenlasten mit halber Treibstoffzuladung 1102 km/h auf 300 m (Mach 0,95) oder 1700 km/h auf 11 000 m (Mach 1,6); Einsatzradius (Einsatzprofil tief-tief-tief mit zwei 500-kg-Bomben, zwei AL-14-Lenkwaffen, plus einem GSch-23L-Kanonenbehälter) 390 km; Überführungsreichweite mit abwerfbaren Zusatztanks 2500 km.
Gewichte: Leer 10 818 kg; max. Startgewicht 18 000 kg.
Bewaffnung: Eine sechsläufige 23-mm-Revolverkanone und bis zu 3000 kg Waffenlasten, verteilt unter sieben externe Aufhängepunkte (fünf unter dem Rumpf und zwei unter den Flügeln).
Entwicklungsstand: Spezialisierte Erdkampfausführung der MiG-23 (siehe Ausgabe 1987), die 1975-76 als Flogger-D bei den Frontstaffeln des Warschaupakts eingeführt wurde und bis heute in Serie gebaut wird. In Indien befindet sich die neuste Version Flogger-J in 165 Exemplaren in der Lizenzherstellung.
Bemerkungen: Die MiG-27 besitzt grundsätzlich denselben Rumpfvorderteil wie die MiG-23-Varianten Flogger-F und Flogger-H, ist jedoch zusätzlich auf den Erdkampfeinsatz zugeschnitten, indem sie stärker gepanzert ist, ein stabileres Fahrwerk für den Einsatz ab Frontflugfeldern besitzt und mit starren Lufteinläufen und modifiziertem Triebwerk ausgerüstet ist. Die MiG-27M verfügt über eine etwas längere Rumpfnase sowie geänderte Flügelvorderkanten. Ablieferung der für Indien bestimmten Flugzeuge ab 1985.
Konstrukteur: OKB Artem I. Mikojan, und Michail I. Gurewitsch, UdSSR.

MIKOJAN MIG-27M (FLOGGER-J)

Abmessungen (geschätzt): Spannweite 8,17–14,25 m, Länge 16,00 m, Höhe 4,50 m, Flügelfläche 27,26 m².

MIKOJAN MIG-29 (FULCRUM)

Ursprungsland: UdSSR.
Kategorie: Einsitziger Luftüberlegenheitsjäger.
Triebwerke: Zwei Mantelstromtriebwerke Tumanski R-33D von je 5100 kp (50,5 kN) Standschub ohne oder 8300 kp (81,4 kN) mit Nachbrenner.
Leistungen (geschätzt): Höchstgeschwindigkeit mit vier Luft-Luft-Lenkwaffen und halber Treibstoffmenge 2445 km/h auf 11 000 m (Mach 2,3), oder 1470 km/h auf Meereshöhe (Mach 1,2); max. Anfangssteiggeschwindigkeit 254 m/Sek; Einsatzradius (Abfangmission mit vier Luft-Luft-Lenkwaffen) 670 km, oder (Luftüberlegenheitspatrouille mit Zusatztanks) 1150 km.
Gewichte (geschätzt): Rüstgewicht 8165 kg; max. Startgewicht 16 330 kg.
Bewaffnung: Eine 23-mm-Revolverkanone plus zwei Luft-Luft-Lenkwaffen A-60 Aphid oder zwei Kurzstrecken-Lenkwaffen A-11 sowie vier R-23R Apex oder AA-10-Mittelstrecken-Lenkwaffen. Vier 500-kg-Bomben in sekundärer Erdkampfrolle.
Entwicklungsstand: In Form eines Prototyps angeblich 1978 erstmals geflogen, steht die MiG-29 seit 1984 im Einsatz bei der Sowjetluftwaffe, und man schätzt, dass inzwischen etwa 350 bis 400 Maschinen existieren. 45 Flugzeuge werden zurzeit an Indien geliefert (Ablieferungsbeginn Dezember 1986). Weitere 110 sollen von der dortigen Flugzeugindustrie möglicherweise in Lizenz hergestellt werden. Die Lieferung von 80 MiG-29 an Syrien setzte Anfang 1987 ein.
Bemerkungen: Von grundsätzlich gleicher aerodynamischer Auslegung wie die grössere und schwerere Suchoj Su-27 (siehe Seiten 202/203), verfügt die MiG-29 über ein neuartiges Langstreckenradar, welches fähig ist, gleichzeitig zu suchen und erfasste Ziele weiter zu verfolgen. Dabei lassen sich auch tiefer fliegende Ziele aufspüren und bekämpfen. Die ersten MiG-29 besassen eine Bauchflosse unter dem Rumpfheck, welche jedoch später weggelassen wurde.
Konstrukteur: OKB Artem I. Mikojan, und Michail I. Gurewitsch, UdSSR.

MIKOJAN MIG-29 (FULCRUM)

Abmessungen (geschätzt): Spannweite 11,50 m, Länge 17,20 m, Höhe 4,50 m.

MIKOJAN MIG-31 (FOXHOUND)

Ursprungsland: UdSSR.
Kategorie: Zweisitziger Abfangjäger.
Triebwerke: Zwei Strahltriebwerke Tumanski von je 14 000 kp (137,3 kN) Standschub mit Nachbrenner.
Leistungen (geschätzt): Höchstgeschwindigkeit 2445 km/h oder Mach 2,3 auf 11 000 m bzw. 1472 km/h auf Meereshöhe; max. Aktionsradius mit externen Zusatztanks 1900 km; max. Flughöhe 24 400 m.
Gewichte (geschätzt): Leer 20 410 kg; normales Startgewicht 29 575 kg.
Bewaffnung: Bis zu acht radargelenkte Luft-Luft-Lenkwaffen AA-9 (je vier unter dem Rumpf und vier unter den Flügeln), oder AA-9, AA-8 Aphid oder AA-11 Archer Kurzstrecken-Lenkwaffen.
Entwicklungsstand: Die MiG-31 befindet sich seit Mitte der siebziger Jahre in Entwicklung, und man nimmt an, dass die ersten Serienflugzeuge 1982 an die Truppe geliefert wurden. Mit den bisher gebauten rund 160 Maschinen sind bereits mehrere Fliegerregimenter ausgerüstet worden. Hergestellt wird die MiG-31 im staatlichen Flugzeugwerk Gorkii.
Bemerkungen: Obschon die MiG-31 direkt auf die aus den späten sechziger Jahren stammende Mig-25 (siehe Ausgabe 1984) zurückgeht, unterscheidet sie sich von ihrem Vorgängermuster durch eine neu entworfene Rumpfspitze mit zweisitzigem Cockpit für Pilot und Systemoperateur. Zudem besitzt sie ein Radar-Feuerleitsystem zur Bekämpfung von tieffliegenden Zielen (Marschflugkörper). Die Tumanski-Triebwerke der MiG-31 entsprechen weitgehend denjenigen des Vorläufers, obschon die Triebwerk-Ausstossöffnungen markant nach hinten verlängert wurden. Schätzungsweise 25 MiG-31 werden zurzeit als strategische Aufklärer verwendet.
Hersteller: Flugzeugwerk Gorkii, UdSSR.
Konstrukteur: OKB Artem I. Mikojan, und Michail I. Gurewitsch, UdSSR.

MIKOJAN MIG-31 (FOXHOUND)

Abmessungen (geschätzt): Spannweite 13,94 m, Länge 21,00 m, Höhe 5,63 m, Flügelfläche 56,00 m².

NORMAN NAC 6 FIELDMASTER

Ursprungsland: Grossbritannien.
Kategorie: Zweisitziges Landwirtschaftsflugzeug.
Triebwerke: Eine Propellerturbine Pratt & Whitney Canada PT6A-34AG von 750 WPS (559,5 kW) Leistung.
Leistungen: Reisegeschwindigkeit bei einem Fluggewicht von 4536 kg 285 km/h auf Meereshöhe oder 263 km/h auf 1830 m; max. Anfangssteiggeschwindigkeit bei 4536 kg 3,61 m/Sek; Dienstgipfelhöhe 4570 m, Flugdauer mit Pilot und 2035 kg Chemikalien 1½ Stunden; max. Reichweite 1482 km.
Gewichte: Leer 2154 kg; max. Startgewicht 4536 kg.
Zuladung: Ein Pilot und ein Mechaniker/Passagier und 2366 l Chemikalien.
Entwicklungsstand: Der Prototyp der Fieldmaster flog erstmals am 17. Dezember 1981, das erste Serienflugzeug am 29. März 1987; es wurde im Juni 1987 abgeliefert. Produktionsrate ab 1988 1½ Flugzeuge monatlich.
Bemerkungen: Angeblich das erste Landwirtschaftsflugzeug, das von Anfang an mit Turbopropantrieb geplant wurde. Normalerweise wird die Fieldmaster von einem einzigen Piloten geflogen. Der zweite Sitz ist einem Beobachter, bei einem Umschulungsflug dem Fluglehrer oder bei einer Verlegung dem Mechaniker oder Helfer vorbehalten. Versehen mit einer Spezialausrüstung zur Wasseraufnahme im Flug kann die Fieldmaster auch als Wasserbomber zur Bekämpfung von Waldbränden verwendet werden. Der eingebaute Chemikalienbehälter, im Falle eines Löscheinsatzes als Wassertank verwendet, besteht aus Titan.
Hersteller: The Norman Aeroplane Company Ltd., Cardiff Airport, Wales, Grossbritannien.

NORMAN NAC 6 FIELDMASTER

Abmessungen: Spannweite 16,33 m, Länge 10,97 m, Höhe 4,15 m, Flügelfläche 33,25 m².

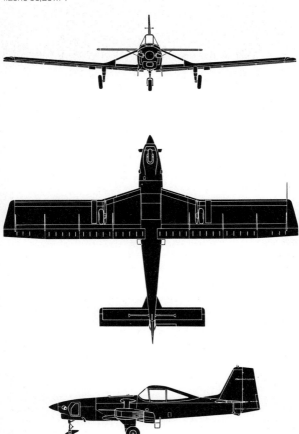

PANAVIA TORNADO F Mk.3

Ursprungsland: Grossbritannien.
Kategorie: Zweisitziger Abfangjäger.
Triebwerke: Zwei Mantelstromtriebwerke Turbo-Union RB.199-34R Mk.104 von je 4082 kp (40 kN) Standschub ohne und 7711 kp (75,6 kN) mit Nachbrenner.
Leistungen (geschätzt): Höchstgeschwindigkeit 1480 km/h oder Mach 1,2 auf Meereshöhe, 2333 km/h oder Mach 2,2 auf 12 190 m; Steigzeit auf 9150 m 1,7 Min.; Aktionsradius als Raumschutzjäger mit zwei abwerfbaren 1500-l-Zusatztanks unter den Flügeln (inkl. zwei Stunden Aufenthalt im Zielgebiet) 560 bis 725 km; Überführungsreichweite mit vier 1400-l-Zusatztanks unter den Flügeln 4265 km.
Gewichte (geschätzt): Leer 14 500 kg; normales Startgewicht mit vier Luft-Luft-Lenkwaffen Sky Flash und vier AIM-9L Sidewinder 23 000 kg; max. Startgewicht 25 400 kg.
Bewaffnung: Eine 27-mm-Kanone IWKA-Mauser plus je vier Luft-Luft-Lenkwaffen BAe Sky Flash und AIM-9L Sidewinder.
Entwicklungsstand: Der erste von drei Tornado F Mk.2-Prototypen flog erstmals am 27. Oktober 1978, das erste von 18 Serienflugzeugen, worunter sechs F Mk.2T, am 5. März 1984. Beginn der Ablieferung von 147 F Mk.3 an die RAF im Laufe von 1986. Exportaufträge für je acht Tornados aus Oman und Jordanien und 24 aus Saudi-Arabien sind bisher eingegangen.
Bemerkungen: Die Tornado F Mk.3 ist die definitive Serienversion des RAF-Abfangjägers Tornado; sie unterscheidet sich von der Tornado F Mk.2 durch Triebwerke mit 36 cm längeren Nachbrennerrohren, verstärkte Bewaffnung mit vier statt zwei AIM-9L-Lenkwaffen, eine zweite Inertial-Navigationsplattform und automatische Flügelverstellung. Zu Beginn 1987 stand der Umbau aller F Mk.2 (siehe Abbildung) zu verbesserten F Mk.2A (praktisch F Mk.3-Standard, jedoch ohne Triebwerkwechsel) zur Diskussion.
Hersteller: British Aerospace PLC, Weybridge, Surrey, Grossbritannien.

PANAVIA TORNADO F Mk.3

Abmessungen: Spannweite 8,59–13,90 m, Länge 18,06 m, Höhe 5,70 m, Flügelfläche 30,00 m².

PIAGGIO P.180 AVANTI

Ursprungsland: Italien.
Kategorie: Firmenflugzeug.
Triebwerke: Zwei Propellerturbinen Pratt & Whitney Canada PT6A-66 von je 800 WPS (597 kW) Leistung.
Leistungen (Schätzungen des Herstellers): Höchstgeschwindigkeit 740 km/h auf 8230 m; ökonom. Reisegeschwindigkeit 593 km/h; max. Anfangssteiggeschwindigkeit 18,54 m/Sek; max. Flughöhe 12500 m; Reichweite mit vier Passagieren, inkl. Reserven 3335 km bei einer Fluggeschwindigkeit von 593 km/h.
Gewichte: Leer 3040 kg; max. Startgewicht 4767 kg.
Zuladung: Ein oder zwei Piloten und sieben bis acht Passagiere bei Standard-Innenausstattung.
Entwicklungsstand: Der erste von zwei Prototypen fliegt seit dem 23. September 1986, der zweite seit dem 15. Mai 1987. Die Zulassung erhofft sich Piaggio auf Mitte 1988, worauf die Kundenlieferungen ab Ende 1989 anlaufen könnten. Die erste Serie von 12 Flugzeugen wurde 1987 aufgelegt.
Bemerkungen: Die Avanti basiert auf dem sogenannten «Drei-Flächen-Konzept» (three-surface-concept), wobei der vorn liegende kleine Stützflügel das Flugzeug in allen Flugphasen ausbalanciert und das Höhenruder nur für die Richtungsänderungen benötigt wird. Von dieser Anordnung verspricht sich Piaggio bedeutende aerodynamische Vorteile. Der Flügel besitzt ein Laminarprofil und hohe Streckung bei vergleichsweise geringer Fläche. Eine neuartige Herstellungstechnik verspricht eine aussergewöhnliche Oberflächengüte. Die Avanti besteht zum grossen Teil aus Metall, doch finden sich Kunststoffteile am Leitwerk, den Triebwerkverkleidungen, an der Rumpfspitze, dem Stützflügel und dem Hauptflügel.
Hersteller: Piaggio Industrie Aeronautiche e Mecchaniche Rinaldo Piaggio SpA, Genua, Italien.

PIAGGIO P.180 AVANTI

Abmessungen: Spannweite 13,84 m, Länge 14,17 m, Höhe 3,90 m, Flügelfläche 15,78 m².

PILATUS PC-9

Ursprungsland: Schweiz.
Kategorie: Zweisitziger Basis- und Fortgeschrittenentrainer.
Triebwerke: Eine Propellerturbine Pratt & Whitney Canada PT6A-62 von 950 WPS (709 kW) Leistung.
Leistungen: Höchstgeschwindigkeit 593 km/h auf 6100 m; max. Reisegeschwindigkeit 500 km/h auf Meereshöhe oder 556 km/h auf 6100 m; max. Anfangssteiggeschwindigkeit 20,77 m/Sek; max. Reichweite mit fünf Prozent Treibstoff plus 20 Min. Ausweichreserve 1110 km auf 3050 m oder 1538 km auf 6100 m.
Gewichte: Leer 1685 kg; Startgewicht (Akrobatik) 2250 kg bzw. (Schulungsflug) 3200 kg.
Entwicklungsstand: Die ersten beiden Prototypen fliegen seit dem 7. Mai und dem 20. Juli 1984, mit Beginn der Ablieferung der ersten Serienflugzeuge (an Burma) Ende 1985. 67 Maschinen wurden von der australischen RAAF in Auftrag gegeben, wovon zwei fertig und sechs als Bausatz geliefert wurden. Die restlichen baut Hawker de Havilland unter Lizenz in Australien. Weitere 30 PC-9 bestellte Saudi-Arabien (deren erste am 15. Dezember 1986 übergeben wurde), vier Angola und 15 der Irak. 45 PC-9 sollen 1988 abgeliefert werden, danach weitere 45 Flugzeuge jährlich.
Bemerkungen: Die PC-9 besitzt grosse Ähnlichkeit mit der PC-7 (siehe Ausgabe 1984), trotzdem ist sie eine Neukonstruktion und hat lediglich 10 % aller Bauteile mit dem Vorgängermuster gemeinsam. Die PC-9 für die saudiarabische Luftwaffe sind Bestandteil eines ganzen Pilotenschulungssystems, welches die Engländer an Saudi-Arabien liefern. Sie werden in der Schweiz gebaut, nach England an British Aerospace geliefert und dort mit einer Cockpit-Ausrüstung versehen, welche derjenigen der BAe Hawk angeglichen ist.
Hersteller: Pilatus Flugzeugwerke AG, Stans, Schweiz.

PILATUS PC-9

Abmessungen: Spannweite 10,19 m, Länge 10,17 m, Höhe 3,26 m, Flügelfläche 16,29 m².

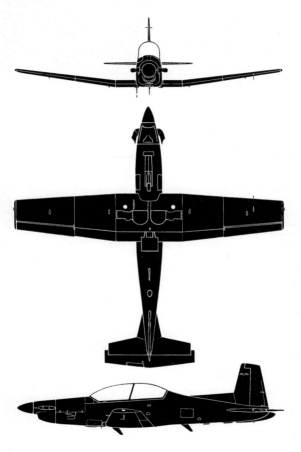

PROMAVIA JET SQUALUS F1300 NGT

Ursprungsland: Belgien (Italien).
Kategorie: Zweisitziger Grundschul- und Basistrainer.
Triebwerke: Ein Mantelstromtriebwerk Garrett TFE109-1 von 603 kp (6 kN) Standschub.
Leistungen (mit stärkerem TFE109-Triebwerk von 680 kp bzw. 6,67 kN): Höchstgeschwindigkeit 584 km/h auf 4265 m; normale Fluggeschwindigkeit 556 km/h; max. Anfangssteiggeschwindigkeit 16,25 km/Sek; Dienstgipfelhöhe 11 280 m; Überführungsreichweite ohne Zusatztanks 1853 km auf 6100 m.
Gewichte: Leer 1300 kg; normales Startgewicht für Kunstflugschulung 2000 kg; max. Startgewicht 2400 kg.
Bewaffnung (Waffenschulung): Einbaumöglichkeit für vier Flügelstationen von insgesamt 600 kg Tragkraft.
Entwicklungsstand: Der erste von zwei Prototypen der Jet Squalus flog erstmals am 30. April 1987, der zweite im Mai 1988. Offenbar liegen Optionen seitens zweier ungenannter Regierungen für insgesamt 18 Flugzeuge vor. Die ersten Serienmaschinen könnten 1990 abgeliefert werden.
Bemerkungen: Die Jet Squalus (Hai) wurde von Stelio Frati (General Avia), Italien, entworfen, in Zusammenarbeit mit Promavia SA (Belgien) finanziert und zur Serienreife entwickelt. Die Serienherstellung wird durch SONACA SA, einem Konsortium aus Firmen der belgischen Flugzeugindustrie und Banken, übernommen. Der zweite Prototyp erhält ein etwas stärkeres Triebwerk TFE109 von 680 kp (6,7 kN) Standschub und könnte mit einer Druckkabine ausgerüstet werden. Die Jet Squalus besitzt die leichteste Zelle aller heute gängigen Strahltrainer, und ihre Anschaffungskosten wie auch die Betriebskosten liegen im Bereich vergleichbarer Turboproptrainer. Die Prototypen stammen aus italienischer Produktion (General Avia).
Hersteller: Promavia SA, Gosselies-Aéroport, Belgien.

PROMAVIA JET SQUALUS F1300 NGT

Abmessungen: Spannweite 9,04 m, Länge 9,36 m, Höhe 3,60 m, Flügelfläche 13,58 m².

PZL I-22 IRYD

Ursprungsland: Polen.
Kategorie: Zweisitziger Fortgeschrittenentrainer und leichtes Erdkampfflugzeug.
Triebwerke: Zwei Strahltriebwerke PZL Rzeszów SO-3W22 von je 1100 kp (10,8 kN) Standschub.
Leistungen: Höchstgeschwindigkeit 915 km/h (Mach 0,86) auf Meereshöhe; Anfangssteiggeschwindigkeit 36,66 m/Sek; Dienstgipfelhöhe 12600 m.
Gewichte: Leer 3962 kg; max. Startgewicht 7493 kg.
Bewaffnung: Eine autonome zweiläufige 23-mm-Kanone unter dem Rumpf sowie vier Aufhängepunkte unter den Flügeln zu je 500 kg Tragkraft.
Entwicklungsstand: Erstflug des ersten von zwei Prototypen am 3. März 1985. Die Entwicklung war anfangs 1988 noch im Gange und soll zu einem TS-11-Iskra-Nachfolger für Polens Luftwaffenschulen führen.
Bemerkungen: Die I-22 Iryd wurde vom Luftfahrtinstitut Warschau-Okecie entworfen. Als Basis/Fortgeschrittenentrainer sowie als leichtes Allwetter-Erdkampfflugzeug und Aufklärer wird die I-22 anspruchslos in bezug auf Wartung und Unterhalt sein und selbst unter schlechten Pisten- und Feldbedingungen eingesetzt werden können. PZL-Mielec war verantwortlich für den Bau der beiden Prototypen und würde auch den Serienbau leiten. Bisher wurden jedoch keine Terminpläne für eine allfällige Serienherstellung bekannt. Man nimmt an, dass angehende Luftwaffenpiloten von der Orlik direkt auf die Iryd umgeschult würden.
Hersteller: Institut Lotmictwa, Warschau-Okecie, Warschau, Polen.

PZL I-22 IRYD

Abmessungen: Spannweite 9,60 m, Länge 13,22 m, Höhe 4,30 m, Flügelfläche 19,92 m².

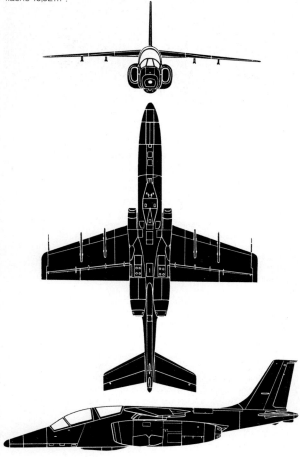

PZL M-26 ISKIERKA

Ursprungsland: Polen.
Kategorie: Zweisitziger Grundschul- und Basistrainer.
Triebwerke: Ein Sechszylinder-Boxermotor Textron Lycoming AEIO-540-L1B5B von 300 PS (223,7 kW) Startleistung.
Leistungen (Schätzungen des Herstellers): Max. Reisegeschwindigkeit 340 km/h auf 1500 m; max. Anfangssteiggeschwindigkeit 8,0 m/Sek; max. Reichweite inkl. 30 Min. Reserven 1620 km.
Gewichte: Rüstgewicht 940 kg; max. Startgewicht 1400 kg.
Entwicklungsstand: Erstflug des Prototyps (M-26 00) am 18. Juli 1986, des zweiten wahrscheinlich Ende 1987. Zu Beginn 1988 waren keine Angaben über eine allfällige Serienproduktion erhältlich.
Bemerkungen: Die Iskierka wurde bei WSK-PZL Mielec entwickelt und entspricht den Lufttüchtigkeitsanforderungen nach FAR Part 23. Mit amerikanischem Textron-Lycoming-Triebwerk soll sie auch in den USA zugelassen werden. Sie verfügt über eine Anzahl Bauteile der M-20 Mewa, einer polnischen Lizenzausführung der Piper PA-34 Seneca II, darunter Flügel, Fahrwerk, Leitwerk und elektrische Systeme und ist hauptsächlich zur Ausbildung von Zivilpiloten und zur Vorselektion von Militärpiloten geeignet. Sie soll in diesen Rollen die PZL-110 Koliber (Lizenzbau der französischen Socata Rallye 100ST durch WSK-PZL Warschau-Okecie) ersetzen. Der erste Prototyp besass noch ein PZL (Franklin) F6A350C1-Triebwerk von 205 PS (153 kW) Startleistung, doch konzentriert sich heute die Entwicklung auf das stärkere AEIO-540 von Textron Lycoming.
Hersteller: WSK-PZL Mielec (Wytwornia Sprzetu Komunikacyjnego-PZL Mielec), Polen.

PZL M-26 ISKIERKA

Abmessungen: Spannweite 8,60 m, Länge 8,30 m, Höhe 2,96 m, Flügelfläche 14,00 m².

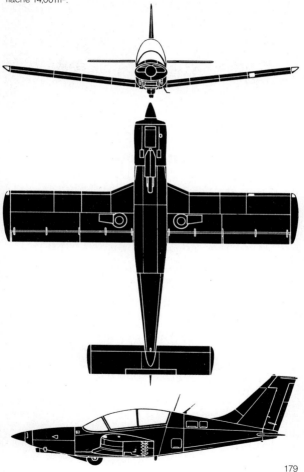

PZL-130T TURBO ORLIK

Ursprungsland: Polen.
Kategorie: Zweisitziger Grundschul- und Basistrainer.
Triebwerke: Eine Propellerturbine Pratt & Whitney Canada PT6A-25A von 550 WPS (410 kW) Leistung.
Leistungen (in Kunstflugkonfiguration): Höchstgeschwindigkeit 499 km/h auf 4575 m; max. Reisegeschwindigkeit 438 km/h auf Meereshöhe; max. Anfangssteiggeschwindigkeit 15,9 m/Sek; Reichweite 1117 km bei einer Fluggeschwindigkeit von 460 km/h, bzw. 1287 km bei einer Fluggeschwindigkeit von 260 km/h; max. Reichweite 2161 km bei einer Fluggeschwindigkeit von 454 km/h, bzw. 2220 km bei einer Fluggeschwindigkeit von 272 km/h.
Gewichte: Leer 1150 kg; max. Startgewicht 2155 kg.
Bewaffnung (als Waffentrainer): Vier Flügel-Aufhängepunkte von je 200 kg Tragkraft innen und 160 kg Tragkraft aussen.
Entwicklungsstand: Der Prototyp der Turbo-Orlik (mit Unterstützung der kanadischen Firma Airtech Canada umgebauter dritter Prototyp der Orlik) startete am 13. Juli 1986 zu seinem Erstflug, wurde aber bereits im Januar 1987 zerstört. Ein zweiter Prototyp sollte ab 1988 die Testflüge weiterführen.
Bemerkungen: Die Turbo-Orlik ist eine primär für den Export vorgesehene Turbopropausführung der kolbenmotorgetriebenen PZL-130 Orlik (siehe Ausgabe 1986), die für die polnische Luftwaffe entwickelt worden war. Beide Modelle, die Orlik und die Turbo-Orlik, zeichnen sich durch jetflugzeugähnliche Flugeigenschaften wie hohe Sinkgeschwindigkeit und Rolleigenschaften aus, die sie den Flügeln kleiner Streckung verdanken.
Hersteller: WSK-PZL Warszawa-Okecie, Warschau-Okecie, Polen.

PZL-130T TURBO ORLIK

Abmessungen: Spannweite 8,00 m, Länge 8,68 m, Höhe 3,53 m, Flügelfläche 12,28 m².

ROCKWELL B-1B

Ursprungsland: USA.
Kategorie: Strategischer Bomber und Marschflugkörperträger.
Triebwerke: Vier Mantelstromtriebwerke General Electric F101-GE-102 von je 13 960 kp (136,9 kN) Standschub mit Nachverbrennung.
Leistungen: Höchstgeschwindigkeit ohne Aussenlasten 1280 km/h oder Mach 1,25 auf über 11 000 m; Tiefflug-Eindringgeschwindigkeit 980 km/h oder Mach 0,8 auf 60 m; ungefähre Reichweite ohne Flugbetankung 12 070 km.
Gewichte: Leer 83 500 kg; Rüstgewicht 87 090 kg; normales Fluggewicht 179 172 kg; max. Startgewicht 216 367 kg.
Zuladung: Vier Mann Besatzung: Pilot, Copilot/Navigator und je ein Operateur für die Defensiv- und Offensiv-Bewaffnung.
Bewaffnung: Zwei interne Waffenwannen für bis zu 84 277-kg-Bomben Mk.82, 24 980-kg-Bomben Mk.84, 24 1106-kg-Nuklearbomben B-83 oder acht AGM-86B-Marschflugkörper plus 12 AGM-69-Abwehrlenkwaffen. Dazu bis 44 Bomben Mk.82 oder 14 327-kg-Nuklearbomben B-61, oder 14 AGM-86B extern, verteilt auf acht Aufhängepunkte.
Entwicklungsstand: Das erste von 100 Serienflugzeugen B-1B flog am 18. Oktober 1984 erstmals, mit Beginn der Auslieferung am 29. Juni 1985. Die ersten B-1B sind seit dem Oktober 1986 einsatzfähig, und die Produktionsrate betrug Ende des Jahres vier Flugzeuge monatlich. Im April 1988 wurde die hundertste und zugleich letzte B-1B an die USAF abgeliefert.
Bemerkungen: Die B-1B ist eine stark überarbeitete Weiterentwicklung der B-1A, deren erster (von vier) Prototypen am 23. Dezember 1974 seinen Erstflug absolvierte. Die B-1B soll hauptsächlich im hohen Unterschallbereich und in geringer Flughöhe operieren. Abgesehen vom primären Einsatzzweck lässt sie sich ebenfalls als Minenleger oder als Marinepatrouillenflugzeug sowie für andere Missionen einsetzen.
Hersteller: Rockwell International Corporation, North American Aircraft Operations, El Segundo, Kalifornien, USA.

ROCKWELL B-1B

Abmessungen: Spannweite 23,84 m, Länge 44,81 m, Höhe 10,37 m, Flügelfläche 181,20 m².

SAAB 39 GRIPEN

Ursprungsland: Schweden.
Kategorie: Einsitziger Mehrzweckjäger.
Triebwerke: Ein Mantelstromtriebwerk General Electric/Volvo Flygmotor RM12 von 5510 kp (54 kN) Standschub ohne und 8210 kp (80,5 kN) mit Nachbrenner.
Leistungen: Zur Zeit der Drucklegung waren keine Daten verfügbar, doch schätzt man die Höchstgeschwindigkeit in Meereshöhe auf 1470 km/h oder Mach 1,2 bzw. auf 11 000 m 2555 km/h oder Mach 2,2; Einsatzradius als Abfangjäger mit zwei Rb24 Sidewinder und zwei Rb72 Sky Flash über 400 km.
Gewichte: Ungefähres Startgewicht ohne Aussenlasten 8000 kg.
Bewaffnung: Eine 27-mm-Kanone Mauser BK27. Sechs Flügelstationen (inkl. zwei an den Flügelspitzen) für bis zu vier Luft-Luft-Lenkwaffen Rb72 Sky Flash und zwei Rb24 Sidewinder. Unter den Flügeln lassen sich auch Saab-Bofors RBS 15F-Lenkwaffen oder andere schwere Schiffsbekämpfungswaffen mitführen.
Entwicklungsstand: Erstflug des ersten von fünf Prototypen voraussichtlich Mitte 1988. Bisher bestellte Schwedens Luftwaffe 30 Flugzeuge fest und optiert auf weitere 110. Die ersten Ablieferungen erwartet man 1992. Den Gesamtbedarf der schwedischen Luftwaffe bis 2010 schätzt man auf über 300 Gripen.
Bemerkungen: Die Saab Gripen oder JAS (Jakt/Attack/Spaning = Jagd/Erdkampf/Aufklärung) 39, ist das leichteste der neuen Generation von Enten-Jagdflugzeugen. Für die einzelnen Aufgaben sind keine Spezialversionen mehr nötig, da jede Gripen die entsprechende Software im Bordcomputer ständig mitführt und die zugehörigen Ausrüstungen modular und leicht austauschbar gestaltet sind. Für die Pilotenausbildung schlägt Saab eine zweisitzige Trainingsversion, die JAS 39, vor; sie besitzt einen um 50 cm längeren Rumpf.
Hersteller: Saab-Scania Aktiebolag, Aerospace Divison, Linköping, Schweden.

SAAB 39 GRIPEN

Abmessungen (geschätzt): Spannweite 8,00 m, Länge 14.00 m.

SAAB SF340

Ursprungsland: Schweden.
Kategorie: Regionalverkehrs- und Firmenflugzeug.
Triebwerke: Zwei Propellerturbinen General Electric CT7-5A2 von je 1735 WPS (129,4 kW) Leistung.
Leistungen: Max. Reisegeschwindigkeit 515 km/h auf 4570 m; ökonom. Reisegeschwindigkeit 484 km/h auf 7620 m; max. Anfangssteiggeschwindigkeit 8,94 m/Sek; Reichweite mit max. Nutzlast 1455 km; max. Reichweite 3975 km.
Gewichte: Rüstgewicht 7810 kg; max. Startgewicht 12370 kg.
Zuladung: Zwei Piloten und, als Regionalverkehrsflugzeug, 35 Passagiere in Dreierreihen mit Mittelgang oder, als Firmenflugzeug, 16 Passagiere.
Entwicklungsstand: Der erste von drei Prototypen flog erstmals am 25. Januar 1983, die erste Serienmaschine am 5. März 1984. Zu Beginn 1988 lagen feste Bestellungen für 132 SF340 vor, wovon die hundertste Maschine am 14. September 1987 abgeliefert wurde (an Salair). Die monatliche Produktionsrate beträgt zurzeit drei Flugzeuge.
Bemerkungen: Ursprünglich als Saab-Fairchild 340 in Zusammenarbeit zwischen Saab (Schweden) und Fairchild (USA) entwickelt, wird dieses Flugzeug seit 1. November 1985 allein noch von Saab, aus teilweise amerikanischen Bauteilen, ab dem 109. Serienflugzeug komplett in Schweden hergestellt. Projektiert ist eine gestreckte Ausführung für 40 bis 50 Passagiere. Zudem soll eine stärkere Ausführung der SF340, die SF340B mit CT7-9B-Triebwerken von 1870 WPS (1394,6 kW) Leistung, gebaut werden. Sie verfügt über ein grösseres Höhenleitwerk sowie ein höheres Fluggewicht und soll ab Mitte 1989 verfügbar sein. Ihre Reichweite mit maximaler Nutzlast wird 1482 km betragen.
Hersteller: Saab-Scania Aktiebolag, Aerospace Division, Linköping, Schweden.

SAAB SF340

Abmessungen: Spannweite 21,44 m, Länge 19,72 m, Höhe 6,87 m, Flügelfläche 41,81 m².

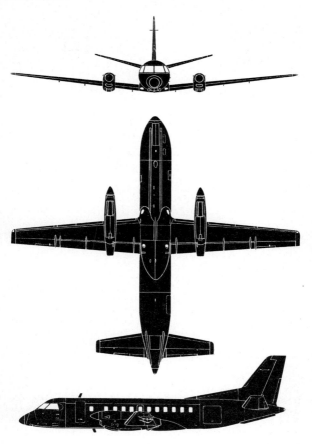

SHENYANG J-8B (F-8 II FINBACK)

Ursprungsland: VR China.
Kategorie: Einsitziges Mehrzweckkampfflugzeug.
Triebwerke: Zwei Strahltriebwerke Chengdu Wopen-13 von je 6600 kp (64,7 kN) Standschub mit Nachbrenner.
Leistungen: Höchstgeschwindigkeit 2337 km/h auf 11 000 m (Mach 2,2); Dienstgipfelhöhe 20 000 m; max. Reichweite mit drei Zusatztanks unter Flügeln und Rumpf 2200 km.
Gewichte: Leer 9820 kg; normal beladen 14 300 kg; max. Startgewicht 17 800 kg.
Bewaffnung: Zwei zweiläufige 23-mm-Kanonen und, als Abfangjäger, bis zu sechs PL-2B oder PL-7 infrarot- oder radargelenkte Luft-Luft-Lenkwaffen oder, als Erdkämpfer, bis zu 4000 kg Waffenlasten, verteilt unter sechs Flügel- und eine Rumpfstation.
Entwicklungsstand: Der erste J-8B-Prototyp fliegt seit Mitte 1985. Die ersten Serienflugzeuge dürften etwa 1988/89 an die chinesische Luftwaffe geliefert werden.
Bemerkungen: Die J-8B (Exportbezeichnung F-8 II) ist eine Weiterentwicklung der aus den sechziger Jahren stammenden J 8 (siehe Ausgabe 1986), die in beschränkter Zahl in Serie hergestellt worden ist. Sie unterscheidet sich vom früheren Modell primär durch ein neues Rumpfvorderteil mit auf die Rumpfseiten verlegten Lufteinläufen und der Möglichkeit, ein modernes Radargerät einzubauen. Zudem besitzt sie stärkere Triebwerke. 1986 stimmte die US-Regierung der Lieferung von 50 Bausätzen Avionikausrüstung wie Radaranlage, Inertial-Navigationsgerät, Bordcomputer, Databus und Head-up-Display zu. Die ersten Testflüge mit amerikanischer Ausrüstung erwartet man etwa 1991–92. Haupteinsatzzweck der J-8 II scheint die Abfangjagd zu sein. Der Entwurf der J-8 geht zurück auf das sowjetische Experimentaljagdflugzeug MiG-Je-152A, welches 1959 zum ersten Mal flog. Möglicherweise soll die J-8B mit amerikanischen F404-Triebwerken ausgerüstet werden.
Hersteller: Staatliches Flugzeugwerk Shenyang, Liaoning, VR China.

SHENYANG J-8B (F-8 II FINBACK)

Abmessungen: Spannweite 9,34 m, Länge 21,59 m, Höhe 5,41 m, Flügelfläche 42,20 m².

SHORTS 360-300

Ursprungsland: Grossbritannien.
Kategorie: Regionalverkehrsflugzeug.
Triebwerke: Zwei Propellerturbinen Pratt & Whitney Canada PT6A-67R von je 1424 WPS (1062,5 kW) Leistung.
Leistungen: Max. Reisegeschwindigkeit 404 km/h auf 3050 m; Langstrecken-Reisegeschwindigkeit 333 km/h auf 3050 m; Reichweite mit max. Nutzlast 417 km; max. Reichweite 1596 km.
Gewichte: Rüstgewicht 7688 kg; max. Startgewicht 12 000 kg.
Zuladung: Zwei Piloten und 36 Passagiere in Dreierreihen (Standard-Innenausstattung) oder in der Version «Combi», 24 Passagiere und 1000 kg Fracht. Maximale Nutzlast als reiner Frachter 4536 kg (360-300F).
Entwicklungsstand: Erstflug des Prototyps der Version 360 am 1. Juni 1981, gefolgt vom ersten Serienflugzeug am 19. August 1982 mit Inbetriebnahme (durch Suburban Airlines) im folgenden Dezember. Die Shorts 360-300 wurde 1987 eingeführt. Zu Beginn 1988 betrug der Auftragsbestand 150 Flugzeuge, wovon 128 bereits abgeliefert waren.
Bemerkungen: Die Shorts 360-300 ist eine verbesserte Ausführung des Basismusters 360 (siehe Ausgabe 1986), mit PT6A-67R-Triebwerken und Sechsblattpropellern, aerodynamisch günstigeren Triebwerkverschalungen und moderner, digitaler Cockpitinstrumentierung. Die Shorts 360 ist ihrerseits eine vergrösserte Ausführung der Shorts 330 (siehe Ausgabe 1983), welche parallel zur 360 weiterhin in Serie hergestellt wird. Beide Modelle unterscheiden sich durch ein vollkommen überarbeitetes Rumpfheck und durch ein 91 cm längeres Rumpfvorderteil. Die Rumpfverlängerung bietet zusätzlichen acht Passagieren Platz und senkt zudem den Luftwiderstand, wodurch bessere Flugleistungen erzielt werden. Die ersten Käufer von Shorts 360-300 waren Philippine Airlines und GPA Jetprop Co. Im Gegensatz zu den meisten Regionalverkehrsflugzeugen besitzt die Short 360 keine Druckkabine, bietet aber mehr Gepäckraum pro Passagier als jede andere Maschine ihrer Klasse.
Hersteller: Shorts Brothers PLC, Belfast, Nordirland.

SHORTS 360-300

Abmessungen: Spannweite 22,81 m, Länge 21,59 m, Höhe 7,21 m, Flügelfläche 42,18 m^2.

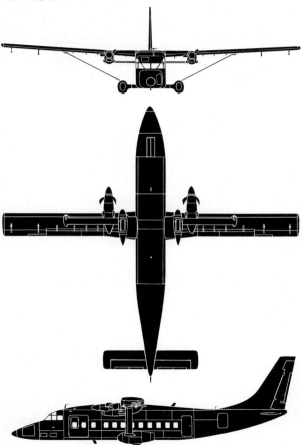

SHORTS S312 TUCANO

Ursprungsland: Grossbritannien und Brasilien.
Kategorie: Zweisitziger Basistrainer.
Triebwerke: Eine Propellerturbine Garrett TPE331-12B/701A von 1100 WPS (820,7 kW) Leistung.
Leistungen: Höchstgeschwindigkeit bei einem Fluggewicht von 2200 kg 515 km/h auf 4270 m, bei einem Fluggewicht von 2600 kg km/h auf 3810 m; ökonom. Reisegeschwindigkeit 407 km/h auf 6100 m; max. Anfangssteiggeschwindigkeit 17,83 m/Sek; Reichweite mit 30 Min. Reserven 1742 km auf 7620 m, mit zwei 300-l-Aussentanks 3335 km.
Gewichte: Leer 2017 kg; max. Startgewicht für Akrobatik 2650 kg, bewaffnet 3275 kg.
Bewaffnung (als Waffentrainer oder als leichter Erdkämpfer): Vier Flügelstationen für zwei 7,62-mm-MG's und zwei 113,4-kg-Bomben, 12,7-cm-Raketen, oder LM-37/7A- oder LM-70/7-Raketenwerfer.
Entwicklungsstand: Der erste, in Brasilien hergestellte Prototyp der Shorts Tucano, fliegt seit dem 14. Februar 1986, die erste von Shorts gebaute Maschine seit dem 30. Dezember 1986. Die RAF gab insgesamt 130 Flugzeuge für ihre Flugschulen in Auftrag, mit Beginn der Ablieferungen 1988. 1989 soll die Produktionsrate vier Tucanos monatlich erreichen.
Bemerkungen: Die Shorts Tucano wurde aus der brasilianischen Embraer EMB-312 Tucano (siehe Seiten 94/95) speziell auf die Bedürfnisse und Wünsche der RAF hin entwickelt. Dabei fand ein anderes, stärkeres Garrett-Triebwerk, eine verstärkte Zelle und ein der RAF angepasste Cockpit Verwendung. Zudem wurde eine Luftbremse unter dem Rumpf angebracht. Die für die RAF bestimmten Flugzeuge tragen die Bezeichnung Tucano T Mk.1.
Hersteller: Short Brothers PLC, Belfast, Nordirland.

SHORTS S312 TUCANO

Abmessungen: Spannweite 11,28 m, Länge 9,86 m, Höhe 3,40 m, Flügelfläche 19,33 m².

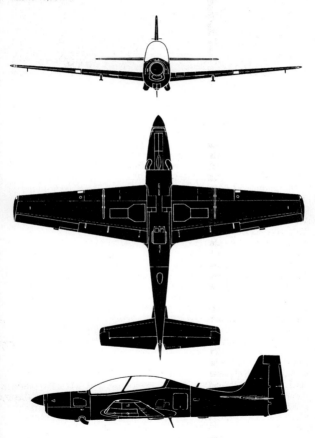

SIAI-MARCHETTI S.211

Ursprungsland: Italien.
Kategorie: Zweisitziger Basistrainer.
Triebwerke: Ein Mantelstromtriebwerk Pratt & Whitney Canada JT15D-4C von 1134 kp (11,1 kN) Standschub.
Leistungen: Höchstgeschwindigkeit 676 km/h auf 7600 m; max. Reisegeschwindigkeit 21,34 m/Sek; Dienstgipfelhöhe 12 200 m; Überführungsreichweite mit zwei abwerfbaren 350-l-Zusatztanks 2483 km.
Gewichte: Leer 1615 kg; normales Startgewicht als Trainer 2500 kg; max. Startgewicht 3100 kg.
Bewaffnung (als leichter Erdkämpfer): Max. 600 kg Aussenlasten, verteilt auf vier Flügelstationen.
Entwicklungsstand: Erstflug des ersten von drei Prototypen am 10. April 1981, des ersten Serienflugzeuges (für Singapur) am 4. Oktober 1984. Beginn der Ablieferungen ein Jahr später. 30 Flugzeuge sind von Singapur bestellt worden, vier von Haiti. 20 der für Singapur bestimmten Maschinen werden als Bausätze angeliefert und lokal endmontiert.
Bemerkungen: Entwickelt als Konkurrenzprodukt zu den üblichen Turboproptrainern dieser Klasse, lässt sich mit der S.211 auch ein Teil der Piloten-Basisausbildung durchführen. Dazu war eine für einen Jettrainer ungewöhnlich leichte Zelle zu konstruieren. Abgesehen von der Jet Squalus (siehe Seiten 174/175), weist die S.211 bei weitem das niedrigste Gewicht unter den vergleichbaren Jettrainern auf. Neu offeriert Siai Marchetti eine etwas stärkere Ausführung mit Head-up-Display, Navigationscomputer und fortschrittlicher Avionik, die auch zur Waffenschulung und als leichter Erdkämpfer einsetzbar ist. Zu Beginn 1988 studierte SIAI eine gestreckte Version der S.211 in Zusammenarbeit mit Singapore Aircraft Industries.
Hersteller: Agusta SpA, Divisione Aeroplani, Siai-Marchetti SpA, Vergiate, Varese, Italien.

SIAI-MARCHETTI S.211

Abmessungen: Spannweite 8,43 m, Länge 9,31 m, Höhe 3,80 m, Flügelfläche 12,60 m².

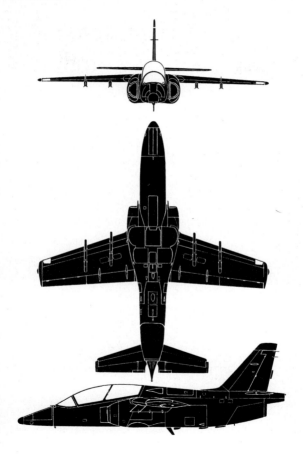

SOCATA/MOONEY/VALMET TBM 700

Ursprungsland: Frankreich und USA.
Kategorie: Leichtes Firmenflugzeug.
Triebwerke: Eine Propellerturbine Pratt & Whitney Canada PT6A-40/1 von 700 WPS (522 kW) Leistung.
Leistungen (geschätzt): Max. Reisegeschwindigkeit 556 km/h auf 7620 m; max. Anfangssteiggeschwindigkeit 11.7 m/Sek; Reichweite inkl. 45 Min. Reserven 2870 km bei einer Fluggeschwindigkeit von 556 km/h, bzw. 3705 km bei einer Fluggeschwindigkeit von 463 km/h und drei Personen; Reichweite mit sechs Personen 2590 km bei einer Fluggeschwindigkeit von 463 km/h.
Gewichte: Leer 1492 kg; max. Startgewicht 2672 kg.
Zuladung: Zwei Piloten und bis zu sechs Passagiere. «Club»-Version mit vier Passagiersitzen und Mittelgang.
Entwicklungsstand: Der Prototyp der TBM 700 flog im Juli 1988 erstmals. Erhalt der Typenzulassung und Beginn der Auslieferungen sind für Ende 1989 geplant.
Bemerkungen: Die TBM 700 ist eine Gemeinschaftsentwicklung von Socata (Tochtergesellschaft von Aérospatiale), Mooney Aircraft und Valmet OY. Als druckbelüftetes Reiseflugzeug profitiert die TBM 700 von der Mooney M301, von welcher der Rumpf weitgehend übernommen wurde. Neu entwickelte Socata hingegen den Flügel. Der französische Staat unterstützt dieses neue Firmenflugzeug mit einem Entwicklungskredit in der Höhe von einem Drittel der Entwicklungskosten. Im Juni 1987 erhielt Socata/Mooney die ersten beiden festen Bestellungen für die TBM 700.
Hersteller: SOCATA, Suresnes, Frankreich, Mooney Aircraft Corporation, Kerrville, Texas, USA, und Valmet Corporation Kuorevesi Works, Halli, Finnland.

SOCATA/MOONEY/VALMET TMB 700

Abmessungen: Spannweite 12,16 m, Länge 10.43 m, Höhe 3,99 m.

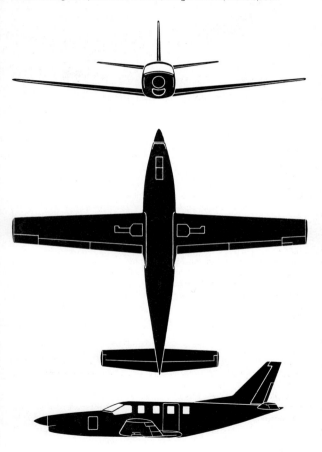

SUCHOJ SU-24 (FENCER)

Ursprungsland: UdSSR.
Kategorie: Zweisitziges Mehrzweckkampfflugzeug.
Triebwerke: Zwei Strahltriebwerke Tumanski R-29B von je 8020 kp (78,6 kN) Standschub ohne und 11 500 kp (112,8 kN) mit Nachbrenner.
Leistungen (geschätzt): Dauer-Höchstgeschwindigkeit ohne Aussenlasten 2317 km/h oder Mach 2,18 auf über 11 000 m, 1470 km/h oder Mach 1,2 auf Meereshöhe; Einsatzradius mit 3000 kg Waffenlasten und zwei 3000-l-Zusatztanks unter den Flügeln 1500 km (Einsatzprofil hoch-tief-hoch).
Gewichte (geschätzt): Leer 19 000 kg; max. Startgewicht 38 560 bis 40 800 kg.
Bewaffnung: Eine sechsläufige 30-mm-Revolverkanone und bis zu 6000 kg Aussenlasten, verteilt auf je vier Rumpf- und Flügelstationen, darunter Luft-Boden-Lenkwaffen AS-10 Karen, AS-11, AS-12 Kegler, AS-13 und AS-14 Kedge.
Entwicklungsstand: Der Erstflug der Su-24 fand vermutlich 1969/1970 statt, mit Beginn der Truppeneinführung Ende 1974. Heute dient die Su-24 hauptsächlich als strategischer Bomber und Langstrecken-Erdkämpfer und ist als solcher in 850 Exemplaren der Sowjetluftwaffe sowie in etwa 60 Exemplaren der Sowjetmarine zugeteilt.
Bemerkungen: Verschiedene Versionen der Su-24 befinden sich heute im Frontstaffeleinsatz, darunter die hier beschriebene Fencer-D, welche 1983 eingeführt wurde. Sie zeichnet sich durch eine längere Rumpfnase und Seitenleitwerksfläche, eine Luftbetankungssonde und grosse Grenzschichtzäune über den inneren Flügelaufhängepunkten aus. Wie bereits beim Vorgängermuster Fencer-C, wurde auch bei der Fencer-D das Lyulka AL-21F-Triebwerk durch das Tumanski R-29B ausgewechselt. Die Fencer-E ist eine Aufklärerversion der Sowjetmarine. Alle Su-24 können ihre Flügel in vier verschiedene Positionen schwenken (16°, 45°, 55° und 68°) und sind zweisitzig ausgelegt (Pilot und Bordschütze).
Konstrukteur: OKB Pawel O. Suchoj, UdSSR.

SUCHOJ SU-24 (FENCER)

Abmessungen (geschätzt): Spannweite 10,30 m (68°) bis 17,25 m (16°), Länge ohne Betankungssonde 22,00 m, Höhe 5,50 m.

SUCHOJ SU-25 (FROGFOOT)

Ursprungsland: UdSSR.
Kategorie: Einsitziger Erdkämpfer und Nahunterstützungsflugzeug.
Triebwerke: Zwei Strahltriebwerke Tumanski R-13-300 von 5100 kp (50 kN) Standschub.
Leistungen (geschätzt): Höchstgeschwindigkeit ohne Aussenlasten 877 km/h oder Mach 0,757 auf 3050 m; Aktionsradius mit 4000 kg Waffenlasten und 30 Min. Aufenthalt im Zielgebiet auf 1525 m (Einsatzprofil hoch-tief-hoch) 547 km; Überführungsreichweite mit vier abwerfbaren 490-l-Zusatztanks unter den Flügeln 2895 km.
Gewichte (geschätzt): Leer 10000 kg; max. Startgewicht 19000 bis 20000 kg.
Bewaffnung: Eine 30-mm-Kanone und bis zu 4000 kg Waffenlasten, verteilt unter zehn Flügelaufhängepunkte, darunter ungelenkte 57-mm- und 80-mm-Raketen, verzögerte 500-kg-Clusterbomben sowie Luft-Luft-Lenkwaffen an den äusseren Aufhängepunkten.
Entwicklungsstand: Die Su-25 wurde erstmals Ende der siebziger Jahre bei Versuchsflügen beobachtet, und man nimmt an, dass die Prototypen seit 1977/78 fliegen. Die ersten Serienflugzeuge wurden 1980/81 an die V-VS abgeliefert. Die ersten mit der Su-25 ausgerüsteten Staffeln waren 1983/84 einsatzbereit. Inzwischen wird die Su-25 auch exportiert, erster Empfänger war die Tschechoslowakei. Die Su-25 wird im staatlichen Flugzeugwerk Tbilisi in etwa 100 Exemplaren jährlich in Serie hergestellt.
Bemerkungen: Die Su-25 ist das sowjetische Gegenstück zur amerikanischen Fairchild A-10A Thunderbolt II. Konstruktionsmerkmale sind das spezielle Niederdruckfahrwerk für den Einsatz ab unbefestigten Pisten und die flachen Wirbelkeulen an den Flügelspitzen. Von der Su-25 existiert eine zweisitzige Trainingsversion, die Su-25UB. Neu erhalten auch Ungarn und der Irak die Su-25.
Konstrukteur: OKB Pawel O. Suchoj, Werk Tbilisi, UdSSR.

SUCHOJ SU-25 (FROGFOOT)

Abmessungen (geschätzt): Spannweite 14,20 m, Länge 15,20 m, Höhe 4,80 m, Flügelfläche 37,60 m².

SUCHOJ SU-27 (FLANKER-B)

Ursprungsland: UdSSR.
Kategorie: Einsitziger Abfangjäger.
Triebwerke: Wahrscheinlich zwei Mantelstromtriebwerke Tumanski R-32 von je 9070 kg (88,9 kN) Standschub ohne und 13610 kg (133,5 kN) mit Nachbrenner.
Leistungen (geschätzt): Höchstgeschwindigkeit 2120 km/h oder Mach 2,0 auf über 11000 m, 1345 km/h oder Mach 1,1 auf Meereshöhe; Einsatzradius im Unterschallbereich mit abwerfbaren Zusatztanks und sechs Luft-Luft-Lenkwaffen 1500 m.
Gewichte (geschätzt): Normales Startgewicht als Abfangjäger 20400 kg; max. Startgewicht 28800 kg.
Bewaffnung: Eine sechsläufige 30-mm-Revolverkanone und bis zu zehn Luft-Luft-Lenkwaffen, typischerweise sechs AA-10 Alamo-Mittelstrecken- und vier AA-11 Archer-Kurzstreckenlenkwaffen.
Entwicklungsstand: Erstmals im Frontstaffeleinsatz auf der Kolahalbinsel 1986, befindet sich die Su-27 seit 1977 in Entwicklung. Sie steht zurzeit in Komsomolsk im Serienbau. Zu Beginn 1988 schätzte man den Bestand auf etwa 100 Flugzeuge.
Bemerkungen: In Grösse und Gewicht etwa mit der amerikanischen F-15 Eagle vergleichbar, verfügt die Su-27 über modernste Ausrüstung wie Doppler-Such- und Zielverfolgungsradar zur Erfassung auch tieferfliegender Ziele, ein digitales Datenübermittlungssystem sowie Infrarot-Zielsucheinrichtung. Bei der Su-27 könnte es sich um das Rekordflugzeug P-42 handeln, welches im November-Dezember 1986 verschiedene Steigzeitrekorde aufstellte (25,4 Sek. auf 3000 m, 37,1 Sek. auf 6000 m, 47,2 Sek. auf 9000 m und 58,14 Sek. auf 12000 m).
Konstruteur: OKB Pawel O. Suchoj, UdSSR.

SUCHOJ SU-27 (FLANKER-B)

Abmessungen (geschätzt): Spannweite 14,70 m, Länge ohne Sonde 21,60 m, Höhe 5,50 m, Flügelfläche 51,00 m².

TUPOLEW TU-22M (BACKFIRE-C)

Ursprungsland: UdSSR.
Kategorie: Strategischer Mittelstreckenbomber und Marinekampf- und -aufklärungsflugzeug.
Triebwerke: Zwei Mantelstromtriebwerke Kusnjetsow von schätzungsweise je 15 000 kp (147 kN) Standschub ohne und 21 000 kp (206 kN) mit Nachbrenner.
Leistungen (geschätzt): Kurzzeitig erreichbare Höchstgeschwindigkeit 2036 km/h oder Mach 1,91 auf 12 000 m; Durschschnittshöchstgeschwindigkeit 1700 km/h oder Mach 1,6 auf 12 000 m bzw. 1100 km/h oder Mach 0,9 auf Meereshöhe; Aktionsradius ohne Flugbetankung (mit einer Luft-Boden-Lenkwaffe AS-4) auf grosser Höhe 4200 km; max. Reichweite mit 5600 kg Waffenlasten (ohne Flugbetankung) 5500 km.
Gewichte (geschätzt): Max. Startgewicht 129 275 kg.
Bewaffnung: Ferngesteuerte, zweiläufige 23-mm-Kanone NR-23 im Heck als Defensivbewaffnung, Waffenschacht für 5600 kg Waffenlasten.
Entwicklungsstand: Als Prototyp erstmals Ende 1969 gesichtet. Wahrscheinlich wurden zwölf Vorserienflugzeuge gebaut, welche zwischen 1972 und 1973 erstmals flogen. Die verbesserte Backfire-B erreichte 1975 bis 1976 die Truppenreife. Als neuste Version der heute in 400 bis 420 Exemplaren gebauten Tu-26 wird zurzeit die Backfire-C bei der Truppe eingeführt.
Bemerkungen: Die Backfire-C ist mit neuen, eckigen Triebwerkeinläufen ausgestattet.
Konstrukteur: OKB Alexei A. Tupolew, UdSSR.

TUPOLEW TU-22M (BACKFIRE-C)

Abmessungen (geschätzt): Spannweite 26,20–34,14 m, Länge 39,62 m, Höhe 9,00 m, Flügelfläche 167,22 m².

TUPOLEW (BLACKJACK-A)

Ursprungsland: UdSSR.
Kategorie: Strategischer Langstreckenbomber und Marinekampf- und -aufklärungsflugzeug.
Triebwerke: Vier Mantelstromtriebwerke unbekannter Herkunft von schätzungsweise je 13600 kp (133,4 kN) Standschub ohne und 22700 kp 6222,6 kN) mit Nachbrenner.
Leistungen (geschätzt): Höchstgeschwindigkeit 2220 km/h oder Mach 2,09 auf 12200 m; Langstrecken-Reisegeschwindigkeit 960 km/h oder Mach 0,9 auf 13700 m; Aktionsradius ohne Flugbetankung 7300 km.
Gewichte (geschätzt): Leer 117950 kg; max. Startgewicht 267600 kg.
Bewaffnung: Hauptbewaffnung scheint der 3000-km-Marschflugkörper AS-15 und die überschallschnelle Lenkwaffe BL-10 zu sein, doch lassen sich vermutlich auch konventionelle Bomben bis zu einem Maximalgewicht von 16330 kg mitführen.
Entwicklungsstand: Die Blackjack wurde erstmals 1979 mit Hilfe von Spionagesatelliten auf dem Testflugzentrum Ramenskoje bei Moskau entdeckt. Man nimmt an, dass die Serienherstellung 1984 bis 1985 anlief, und die ersten sechs bis sieben Serienflugzeuge dürften nach amerikanischen Schätzungen 1988 einsatzbereit sein.
Bemerkungen: Ursprünglich wurde sie unter der Deckbezeichnung Ram-P bekannt. Man schreibt die Blackjack Tupolews Konstruktionsbüro zu. Sie gleicht äusserlich der amerikanischen Rockwell B-1B (siehe Seiten 174/175), ist jedoch etwa 25% grösser und schwerer als diese und wird vermutlich später den Interkontinentalbomber Tu-95/142 Bear bei den sowjetischen Luftstreitkräften ersetzen. Zur Herstellung der Blackjack stellten die Sowjets in Kazan einen riesigen neuen Werkkomplex auf, und westliche Fachleute rechnen mit dem Serienbau von etwa 100 Flugzeugen dieses Typs bis in die neunziger Jahre. 1986 befanden sich fünf Prototypen und Vorserienflugzeuge in einer fortgeschrittenen Phase der Flugerprobung.
Konstrukteur: Vermutlich OKB Alexei A. Tupolew, Werk Kazan, UdSSR.

TUPOLEW (BLACKJACK-A)

Abmessungen (geschätzt): Spannweite 30,75–54,00 m, Länge 53,35 m, Flügelfläche 232,25 m².

TUPOLEW TU-204

Ursprungsland: UdSSR.
Kategorie: Mittelstreckenverkehrsflugzeug.
Triebwerke: Zwei Mantelstromtriebwerke Solowiew D-90A von je 16 000 kp (156,9 kN) Standschub.
Leistungen (geschätzt): Max. Reisegeschwindigkeit 850 km/h auf 12 000 m; ökonom. Reisegeschwindigkeit 810 km/h auf 11 000 m; max. Reiseflughöhe 11 000 m; Reichweite mit 21 000 kg Nutzlast 2400 m, mit 15 600 kg Nutzlast 4000 km.
Gewichte: Leer 56 600 kg; max. Startgewicht 94 000 kg.
Zuladung: Zwei Mann Cockpitbesatzung und bis zu 214 Passagiere in Sechserreihen mit Mittelgang in Einheitsklasse, oder, bei gemischten Klassen, 12 Erstklass-, 47 Businessklass- und 111 Touristklasspassagiere.
Entwicklungsstand: Die erste Tu-204 sollte im Frühjahr 1988 erstmals fliegen; die Ablieferung der Serienflugzeuge (an Aeroflot) ist ab 1990/91 vorgesehen.
Bemerkungen: Die Tupolew Tu-204 gehört in dieselbe Klasse wie etwa die Boeing 757 und besteht zu einem weitgehenden Teil aus neuen Baustoffen, hauptsächlich Kunststoffteilen, um ein möglichst geringes Leergewicht zu erzielen. Die Zelle selbst ist für eine Lebensdauer von 45 000 Flugstunden und 30 000 Landungen ausgelegt, das Cockpit mit sechs Farbbildschirmanzeigegeräten ausgerüstet. Weitere Neuerungen sind die vollelektrische Steuerung und das dreifache Inertialnavigationssystem. Als Nachfolger der Tu-154 und Tu-154M (siehe Ausgabe 1987) gehört sie zum Dreigespann der neuen sowjetischen Verkehrsflugzeugtypen für die neunziger Jahre (Tu-204, Il-114 und Il-96-300), mit welchen die sowjetische Fluggesellschaft Aeroflot ab den frühen neunziger Jahren ausgerüstet werden soll.
Konstrukteur: OKB Alexei A. Tupolew, UdSSR.

TUPOLEW TU-204

Abmessungen: Spannweite 42,00 m, Länge 45,00 m.

UTVA LASTA

Ursprungsland: Jugoslawien.
Kategorie: Zweisitziger Grundschul- und Basistrainer.
Triebwerke: Ein Sechszylinder-Boxermotor Textron Lycoming AEIO-540-L1B5-D von 300 PS (223,7 kW) Startleistung.
Leistungen: Höchstgeschwindigkeit 345 km/h auf Meereshöhe; max. Anfangssteiggeschwindigkeit bei einem Fluggewicht von 1630 kg 9,0 Sek.
Gewichte: Leer 1060 kg; max. Startgewicht 1630 kg.
Bewaffnung (als Waffentrainer): Zwei Aufhängepunkte unter den Flügeln mit einer totalen Tragkraft von 240 kg für 57-mm-Raketenwerfer oder 7,62-mm-MG-Behälter.
Entwicklungsstand: Zwei Prototypen, wovon der erste im Sommer 1985 erstmals flog. Seit 1987 befindet sich eine Vorserie von zehn Lastas in der Truppenerprobung bei der jugoslawischen Luftwaffe, welche einen Bedarf für 60 bis 70 Flugzeuge dieses Musters ausweist.
Bemerkungen: Entworfen durch das technische Institut der Luftwaffe in Zarkowo und im Serienbau bei UTVA in Pancevo, soll die Lasta (Schwalbe) die UTVA 75 bei den Flugschulen der Luftwaffe und der paramilitärischen Organisationen ersetzen. Das Cockpit der Lasta ist demjenigen des Jettrainers Soko Galeb 4 (siehe Ausgabe 1986), auf den die militärischen Flugschüler später umgeschult werden, angeglichen. 1987 setzte ein Flugschülerkurs der Luftwaffe probeweise die Lasta ein, um allfällige notwendige Verbesserungen herauszufinden und in die Serienproduktion einfliessen zu lassen. Die Lasta gehört zur Gruppe neuer Militärtrainer wie die TB 30 Epsilon oder die T-35 Pillàn, welche sich auch mit einer Propellerturbine ausrüsten lassen.
Hersteller: UTVA, Sour Metalne, Industrije, Ro Fabrika Aviona, Pancevo, Jugoslawien.

UTVA LASTA

Abmessungen: Spannweite 8,34 m, Länge 8,04 m, Höhe 4,45 m, Flügelfläche 11,00 m².

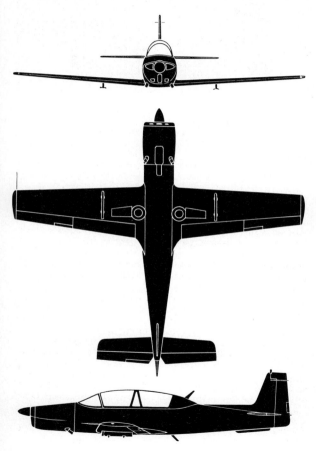

VALMET L-90 TP REDIGO

Ursprungsland: Finnland.
Kategorie: Zweisitziger Grundschul- und Basistrainer.
Triebwerke: Eine Propellerturbine Allison 250-B17D von 360 WPS (268,6 kW) oder Turboméca TM.319 von 480 WPS (358 kW) Leistung.
Leistungen (bei einem Fluggewicht von 1350 kg und Allison-250-Turbine): Höchstgeschwindigkeit 335 km/h auf 1525 m; Reisegeschwindigkeit mit 75% Leistung 305 km/h auf 3000 m; max. Anfangssteiggeschwindigkeit 9,8 Sek; Steigzeit auf 5000 m 11½ Min; max. Reichweite 1725 km; Flugdauer 5 Std.
Gewichte: Leer 890 kg; normales Startgewicht für Kunstflugschulung 1352 kg; max. Startgewicht 1900 kg.
Bewaffnung (als Waffentrainer und leichter Erdkämpfer): Max. 800 kg Aussenlasten, verteilt unter sechs Flügelstationen. Typische Bewaffnungsmöglichkeiten sind vier 150-kg-Bomben oder zwei 250-kg-Bomben.
Entwicklungsstand: Der Erstflug des Prototyps der Redigo fand im Juni 1986 statt. Ein zweiter fliegt seit dem 3. Dezember, ausgerüstet mit einer Turboméca-Turbine. Die Zulassung wird für Mitte 1988 erwartet, gefolgt von den ersten Ablieferungen 1989 bis 1990.
Bemerkungen: Die L-90 TP Redigo entspricht bis auf wenige Anpassungen an Leitwerk und Flügel grundsätzlich der L-80 TP (siehe Ausgabe 1986), welche am 12. Februar 1985 ihren Erstflug absolvierte, kurz danach aber abstürzte. Voll für den Kunstflug zugelassen und für ein Lastvielfaches von +7 g/-3,5 g ausgelegt, ist die Redigo einer der leichtesten Turboprop-Basistrainer auf dem Markt. Konventioneller Ganzmetallaufbau; ein Kunststoffflügel befindet sich allerdings seit Dezember 1985 in Entwicklung und könnte als Option eingebaut werden. Er soll demnächst auf einem der beiden Prototypen im Flug getestet werden (Aufbau hauptsächlich aus kohlenfaserverstärktem Kunstharz). Die Redigo lässt sich neben der Pilotenschulung auch als Verbindungs- und Aufklärungsflugzeug verwenden. Die Redigo kann wahlweise mit einem amerikanischen Allison-250- oder einem französischen Turboméca-Triebwerk ausgerüstet werden.
Hersteller: Valmet Corporation Kuorevesi Works, Halli, Finnland.

VALMET L-90 TP REDIGO

Abmessungen: Spannweite 10,34 m, Länge 7,90 m, Höhe 2,85 m, Flügelfläche 14,75 m².

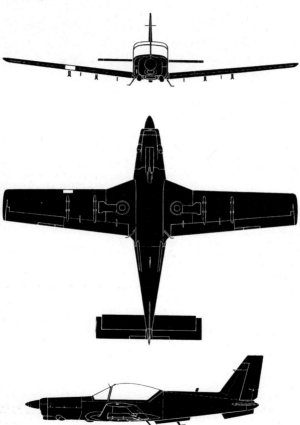

XIAN Y-7-100

Ursprungsland: VR China.
Kategorie: Regionalverkehrsflugzeug.
Triebwerke: Zwei Propellerturbinen Shanghai Wojiang-5A-1 von je 2790 WPS (2081,6 kW) Leistung.
Leistungen: Höchstgeschwindigkeit 518 km/h; max. Reisegeschwindigkeit 484 km/h auf 4000 m; ökonom. Reisegeschwindigkeit 423 km/(h auf 6000 m; max. Anfangssteiggeschwindigkeit 7,64 m/Sek; Dienstgipfelhöhe 8750 m; Reichweite mit 52 Passagieren 910 km; max. Reichweite 1900 km; mit Zusatztanks 2420 km.
Gewichte: Rüstgewicht 14 900 kg; max. Startgewicht 21 800 kg.
Zuladung: Drei Mann Cockpitbesatzung und Standard-Innenausstattung für 52 Passagiere in Viererreihen mit Mittelgang.
Entwicklungsstand: Die Y-7-100 ist eine verbesserte Ausführung der Y-7, welche ihrerseits auf die sowjetische Antonow An-24 zurückgeht. Die Y-7 war ein direkter chinesischer Nachbau des sowjetischen Vorbilds und flog 1970 erstmals als Prototyp. Trotzdem drei Versuchsmaschinen am Testflugprogramm beteiligt waren, liess die chinesische Zulassung bis 1980 auf sich warten. Beginn der Ablieferung von Serienflugzeugen Y-7-100 (an CAAC) ab Ende 1986. CAAC hat 40 Y-7-100 in Auftrag gegeben.
Bemerkungen: Die Y-7-100 wurde in Zusammenarbeit mit der Firma Hong Kong Aircraft Engineering Co (HAECO) aus der Y-7 entwickelt, wovon 24 Serienflugzeuge gebaut wurden. Geändert oder verbessert hat man das Cockpit (westliche Avionik) und das Kabineninnere; zudem wurden Winglets an den Flügelspitzen angebracht. Die Weiterentwicklung Y-7-200 soll ab Ende 1988 verfügbar und dank geringerem Treibstoffverbrauch wirtschaftlicher sein. Als vorläufig letzte Variante soll die Y-7-300 durch Strukturänderungen leichter werden und möglicherweise einen neuen Flügel erhalten. Noch in Entwicklung befinden sich mehrere gestreckte Versionen, darunter auch ein Frachter mit Heckladeklappe.
Hersteller: Xian Aircraft Company, Shaanxi, VR China.

XIAN X-7-100

Abmessungen: Spannweite 29,64 m, Länge 23,71 m, Höhe 8,55 m, Flügelfläche 75,00 m².

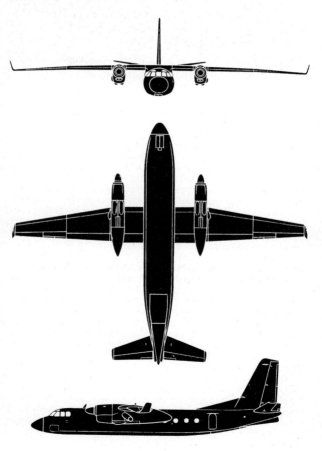

YAKOWLEW YAK-38 (FORGER-A)

Ursprungsland: UdSSR.
Kategorie: Einsitziges, bordgestütztes VTOL-Kampfflugzeug.
Triebwerke: Ein Schwenkdüsen-Strahltriebwerk Ljulka AL-21 von 8160 kp (80 kN) plus zwei Hub-Strahltriebwerke Koljesow von je 3570 kp (35 kN) Standschub.
Leistungen (geschätzt): Höchstgeschwindigkeit 1042 km/h oder Mach 0,85 auf Meereshöhe bzw. 1010 km/h oder Mach 0,95 auf über 11 000 m; Aktionsradius mit maximaler Waffenzuladung (Einsatzprofil hoch-tief-tief) 240 km bzw. (Einsatzprofil hoch-tief-hoch) 370 km; Aktionsradius als Luftüberlegenheisjäger mit zwei GSh-34-Kanonenbehältern und zwei abwerfbaren Zusatztanks unter dem Rumpf 185 km inkl. 1¼ Stunden Aufenthalt im Zielgebiet.
Gewichte (geschätzt): Leer 7485 kg; max. Startgewicht 11 700 kg.
Bewaffnung (als Luftüberlegenheitsjäger): Zwei Luft-Luft-Lenkwaffen AA-8 Aphid oder zwei Kanonenbehälter mit je einer zweiläufigen 23-mm-Revolverkanone GSh-23, oder als Erdkämpfer bis zu 3800 kg Aussenlasten.
Entwicklungsstand: Die Yak-38, welche früher als Yak-36MP bekannt war, flog wahrscheinlich 1971 erstmals. 1976 wurde eine Anzahl Entwicklungsflugzeuge auf dem Flugzeugträger Kiew getestet. Je eine Staffel zu zwölf Flugzeugen ist heute auf den Trägern Kiew, Minsk, Novorossisk und Charkow stationiert.
Bemerkungen: Primärer Einsatzzweck der Yak-38 scheint die Abschirmung und Verteidigung der eigenen Flottenverbände vor gegnerischen Aufklärungs- und Überwachungsflugzeugen sowie die Bekämpfung von Seezielen zu sein. Die Yak-38, von welcher auch eine doppelsitzige Version existiert, ist zu Kurzstarts fähig, wobei die Maschine bereits bei einer Vorwärtsgeschwindigkeit von etwa 55 km/h steil abhebt. Die Doppelsitzerversion wird als Forger-B bezeichnet.
Hersteller: OKB Alexander S. Yakowlew, UdSSR.

YAKOWLEW YAK-38 (FORGER-A)

Abmessungen (geschätzt): Spannweite 7,50 m, Länge 16,00 m, Höhe 3,35 m, Flügelfläche 18,50 m².

YAKOWLEW YAK-42 (CLOBBER)

Ursprungsland: UdSSR.
Kategorie: Mittelstrecken-Verkehrsflugzeug.
Triebwerke: Drei Mantelstromtriebwerke Lotarew D-36 von je 7500 kp (73,6 kN) Standschub.
Leistungen: Max. Reisegeschwindigkeit 810 km/h auf 7620 m; ökonom. Reisegeschwindigkeit 750 km/h auf 7620 m; Reichweite mit max. Nutzlast 900 km mit 10500 kg Nutzlast 2000 km und mit 6500 kg Nutzlast 3000 km.
Gewichte: Leer 28960 kg; max. Startgewicht 53500 kg.
Zuladung: Zwei Piloten und Standardausrüstung für 120 Passagiere in Sechserreihen mit Mittelgang in Einheitsklasse.
Entwicklungsstand: Der erste von drei Prototypen flog am 7. März 1975 zum ersten Mal. 1978 begann die Serienherstellung von vorerst 200 Flugzeugen, wovon Mitte 1982 zehn fertiggestellt waren. Aus unbekannten Gründen zog Aeroflot diese 1982 aus dem Liniendienst zurück, doch seit 1984 befindet sich die Yak-42 neuerdings im Einsatz. Auch die Produktion, die zeitweise gestoppt war, läuft heute wieder.
Bemerkungen: Zu Beginn 1988 stand die gestreckte Ausführung Yak-42M in Entwicklung, welche in ihrem um 4,50 m längeren Rumpf 156 bis 168 Passagiere aufzunehmen vermag. Das Startgewicht wurde auf 66000 kg erhöht, und als Antrieb finden Lotarew-D-436-Triebwerke von 7500 kp (73,5 kN) Standschub Verwendung. Die Reichweite mit 16000 kg Nutzlast beträgt 2500 km, mit 10000 Nutzlast 3750 km, die maximale Reichweite beläuft sich auf 4000 km. Es ist unklar, weshalb die Yak-42 zeitweise wieder aus dem Liniendienst verschwand, doch läuft heute die Serienherstellung der Yak-42 wie der gestreckten Yak-42M im Flugzeugwerk Smolensk wieder auf normalen Touren. Man schätzt, dass die ersten Serien-Yak-42M im Laufe von 1988 an die Aeroflot geliefert werden können. Die ersten Exportflugzeuge gehen an Aviogenex (7 Einheiten).
Konstrukteur: OKB Alexander S. Yakowlew, UdSSR.

YAKOWLEW YAK-42 (CLOBBER)

Abmessungen: Spannweite 34,88 m, Länge 36,38 m, Höhe 9,80 m, Flügelfläche 150,00 m².

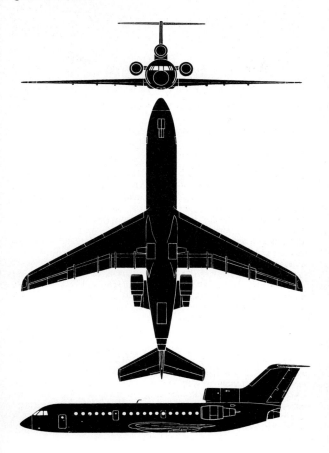

AEROSPATIALE AS 332M1 SUPER PUMA

Ursprungsland: Frankreich.
Kategorie: Mittelschwerer taktischer Transporthubschrauber.
Triebwerke: Zwei Gasturbinen Turboméca Makila 1A1 von je 1877 WPS (1309 kW) Leistung.
Leistungen (bei einem Fluggewicht von 9000 kg): Höchstgeschwindigkeit 287 km/h; max. Reisegeschwindigkeit 262 km/h auf Meereshöhe; max. Schrägsteiggeschwindigkeit 7,1 m/Sek; Schwebehöhe mit Bodeneffekt 2700 m, ohne Bodeneffekt 1600 m; Reichweite 842 km.
Gewichte: Leer 4420 kg; max. Startgewicht 9000 kg, mit Aussenlast 9350 kg.
Abmessungen: Rotordurchmesser 15,60 m; Rumpflänge 14,82 m.
Zuladung: Zwei Piloten und 22 Passagiere oder 25 Soldaten.
Bewaffnung: 20-mm-Kanonen oder Raketenwerfer.
Bemerkungen: Die gestreckte Ausführung der AS 322 flog am 10. Oktober 1980 und stärkere Versionen wurden 1986 als AS 332M1 (Militärausführung) und AS 332L1 (Zivilausführung) eingeführt. Ende 1987 lagen Aufträge für mehr als 270 Pumas vor, wovon etwa 230 ausgeliefert waren. Aérospatiale stellt zurzeit 2 bis 3 Pumas monatlich her. Die AS 322F ist ein U-Boot-Jäger, bestimmt für die Marine; ihre Gesamtlänge mit gefalteten Rotorblättern beträgt 12,83 m. In Indonesien wird die Super Puma als NAS-332 in Lizenz hergestellt; die Produktionsrate beträgt hier vier Hubschrauber im Monat. Die erste in Indonesien hergestellte Super Puma wurde am 29. Dezember 1984 abgeliefert. Neuste Ausführung ist die Super Puma Mk.2 mit einem auf 9500 kg erhöhten Abfluggewicht und neuem Rotor (Erstflug 26. Februar 1987).
Hersteller: Société Nationale Industrielle Aérospatiale, Werk Marignane, Frankreich.

AEROSPATIALE AS 350L1 ECUREUIL

Ursprungsland: Frankreich.
Kategorie: Militärischer Mehrzweckhubschrauber.
Triebwerke: Eine Gasturbine Turboméca Arriel 1D von 693 WPS (517 kW) Leistung.
Leistungen (bei einem Fluggewicht von 2200 kg): Höchstgeschwindigkeit 272 km/h; max. Reisegeschwindigkeit 240 km/h; normale Reisegeschwindigkeit 220 km/h; max. Schrägsteiggeschwindigkeit 7,5 m/Sek; Schwebehöhe mit Bodeneffekt 2870 m, ohne Bodeneffekt 1920 m; Reichweite 655 km.
Gewichte: Leer 1168 kg; max. Startgewicht 2200 kg, mit Aussenlast 2450 kg.
Abmessungen: Rotordurchmesser 10,69 m; Rumpflänge inkl. Heckrotor 10,93 m.
Zuladung: Sechs Personen.
Bemerkungen: Die AS 350L1 ist die gegenwärtig produzierte Militärausführung der einmotorigen Ecureuil. Sie flog erstmals im März 1986 und bietet eine erhöhte Nutzlast und bessere Flugleistung in heissen und hochgelegenen Gebieten. Die erste Ecureuil (mit LTS 101-600A2-Triebwerk von 615 WPS, bzw. 459 kW Leistung) startete am 27. Juni 1974 zu ihrem Erstflug, gefolgt von der zweiten (mit Arriel-Triebwerken) am 14. Februar 1975. In den USA wird die Ecureuil unter der Bezeichnung AS 350 AStar mit LTS-101-Triebwerk verkauft und in einem Aérospatiale-eigenen Werk im kanadischen Alberta montiert und eingeflogen. Zu Beginn 1988 hatte Aérospatiale mehr als 1050 einmotorige Ecureuils und AStars abgeliefert.
Hersteller: Société Nationale Industrielle Aérospatiale, Werk Marignane, Frankreich.

AEROSPATIALE AS 335F ECUREUIL 2

Ursprungsland: Frankreich.
Kategorie: Leichter Mehrzweckhubschrauber.
Triebwerke: Zwei Gasturbinen Allison 250-C20F von 420 WPS (313 kW) Leistung.
Leistungen (bei einem Fluggewicht von 2540 kg): Höchstgeschwindigkeit 272 km/h; normale Reisegeschwindigkeit 224 km/h; max. Schrägsteiggeschwindigkeit 6,5 m/Sek; Schwebehöhe mit Bodeneffekt 1800 m, ohne Bodeneffekt 1350 m; Reichweite 705 km.
Gewichte: Leer 1305 kg; max. Startgewicht 2540 kg, mit Aussenlast 2600 kg.
Abmessungen: Rotordurchmesser 10,69 m; Rumpflänge inkl. Heckrotor 10,93 m.
Zuladung: Sechs Personen.
Bemerkungen: Die AS 355F Ecureuil 2 ist eine zweimotorige Ausführung der AS 350 (siehe Seite 221). Sie ist hauptsächlich für den nordamerikanischen Markt bestimmt und wird dort als TwinStar verkauft. Ab 1986 baut Aérospatiale die beiden Modelle AS 355F2 (Zivilausführung) und AS 355M2 (Militärausführung) mit erhöhtem maximalen Startgewicht. Die AS 355M2 kann mit 20-mm-Kanonen oder Raketenwerfern ausgerüstet werden. Zu Beginn 1988 waren mehr als 380 Ecureuil 2 und TwinStar bestellt, davon die Hälfte aus den USA. Die AS 355M wurde in 50 Exemplaren von der Armée de l'Air und der ALAT in Auftrag gegeben und lässt sich mit TOW-Panzerabwehr-Lenkwaffen ausrüsten. Der Erstflug der AS 355 Ecureuil 2 fand am 28. September 1979 statt.
Hersteller: Société National Industrielle Aérospatiale, Werk Marignane, Frankreich.

AEROSPATIALE SA 365 DAUPHIN 2

Ursprungsland: Frankreich.
Kategorie: Mehrzweck- und Transporthubschrauber.
Triebwerke: Zwei Gasturbinen Turboméca Arriel 1C von je 700 WPS (522 kW) Leistung.
Leistungen (SA 365N): Höchstgeschwindigkeit 305 km/h; max. durchschnittliche Reisegeschwindigkeit 278 km/h auf Meereshöhe; max. Schrägsteiggeschwindigkeit 6,5 m/Sek; Schwebehöhe mit Bodeneffekt 1000 m, ohne Bodeneffekt 950 m; Reichweite 882 km auf Meereshöhe.
Gewichte: Leer 2047 kg; max. Startgewicht 4000 kg.
Abmessungen: Rotordurchmesser 11,93 m; Rumpflänge inkl. Heckrotor 11,44 m.
Zuladung: Ein bis zwei Piloten und max. 13 Passagiere.
Bemerkungen: Die SA 365, deren Prototyp am 31. März 1979 erstmals flog, ist die neuste Variante der Dauphin (siehe Ausgabe 1982). Sie wird zurzeit in vier Ausführungen gebaut: Die 10- bis 14plätzige SA 365N, die militärische SA 365M Panther (siehe Seite 224), die Marineausführung SA 365F mit faltbaren Rotorblättern, Agrion-Radaranlage und Raketenbewaffnung (vier Lenkwaffen AS 15TT) und die SA 365G als Seenotrettungs- und Suchhelikopter HH-65A Seaguard für die amerikanische Küstenwache (zwei Gasturbinen Avco Lycoming LTS-101-750-1 von je 680 WPS bzw. 507 kW Leistung). Von der Seaguard wurden 90 Einheiten für die USCG bestellt, welche alle abgeliefert sind. Zu Beginn 1988 hatte Aérospatiale 400 der rund 420 bestellten Dauphins aller Versionen für rund 70 Kunden in 38 Ländern fertiggestellt.
Hersteller: Société Nationale Industrielle Aérospatiale, Werk Marignane, Frankreich.

AEROSPATIALE SA 365M PANTHER

Ursprungsland: Frankreich.
Kategorie: Taktischer Mehrzweckhubschrauber.
Triebwerke: Zwei Gasturbinen Turboméca TM 333-1M von je 912 WPS (680 kW) Leistung.
Leistungen (bei einem Fluggewicht von 4100 kg): Höchstgeschwindigkeit 296 km/h; max. Reisegeschwindigkeit 274 km/h auf Meereshöhe; max. Schrägsteiggeschwindigkeit 8 m/Sek; Schwebehöhe mit Bodeneffekt 3200 m, ohne Bodeneffekt 2500 m; Reichweite 780 km.
Gewichte: Leer 2300 kg; max. Startgewicht 4100 kg.
Abmessungen: Rotordurchmesser 11,93 m; Rumpflänge inkl. Heckrotor 12,07 m.
Zuladung: Zwei Piloten und acht bis zehn Soldaten.
Bewaffnung: Eine 20-mm-Giat-Kanone, Raketenwerfer zu je 22 68-mm-Raketen, acht Matra Mistral Luft-Luft-Lenkwaffen oder acht HOT-Panzerabwehr-Lenkwaffen.
Bemerkungen: Als militärische Variante der Dauphin 2 (siehe Seite 223) fliegt die SA 365M Panter seit dem 29. Februar 1984. Ein weiterer Prototyp führte im April 1987 seinen Erstflug aus. Die Panther wurde speziell als Kampfhubschrauber und leichter bewaffneter Kampfzonentransporter entworfen und optimiert. Dazu verfügt sie über die neusten technischen Errungenschaften in Avionik, Nachtflugggeräten und Überlebenshilfen, wie ein Treibstoffsystem, das einem Absturz mit 14 m/Sek. widersteht und eine Transmission, die auch nach totalem Schmierölverlust noch eine beschränkte Zeit ohne Schaden weiterbetrieben werden kann.
Hersteller: Société Nationale Industrielle Aérospatiale, Werk Marignane, Frankreich.

AGUSTA A 109A MK.II

Ursprungsland: Italien.
Kategorie: Leichter Mehrzweckhubschrauber.
Triebwerke: Zwei Gasturbinen Allison 250-C20B von je 420 WPS (313 kW) Leistung.
Leistungen (bei einem Fluggewicht von 2450 kg): Höchstgeschwindigkeit 311 km/h; max. durchschnittliche Reisegeschwindigkeit 278 km/h; Langstrecken-Reisegeschwindigkeit 231 km/h; max. Schrägsteiggeschwindigkeit 9,25 m/Sek; Schwebehöhe mit Bodeneffekt 3000 m, ohne Bodeneffekt 2075 m; Reichweite 573 km.
Gewichte: Leer 1418 kg; max. Startgewicht 2600 kg.
Abmessungen: Rotordurchmesser 11,00 m; Rumpflänge 10,73 m.
Zuladung: Acht Personen.
Bemerkungen: Die Agusta A 109A Mk.II ist eine verbesserte Ausführung des Basismodells A 109A Hirundo, dessen erster Prototyp am 4. August 1971 erstmals flog. Die ersten Serienmaschinen konnten 1976 abgeliefert werden. Zu Beginn 1988 lagen insgesamt 160 Bestellungen für die A 109A Mk.II vor. Die Basisversion war Gegenstand laufender Verbesserungen. So konnten im Laufe der Entwicklung beispielsweise die Leistung der Kraftübertragung von 692 WPS (516 kW) auf 740 WPS (552 kW) gesteigert werden, und die Dauerleistung pro Triebwerk wurde von anfänglich 385 WPS (287 kW) auf 420 WPS (313 kW) angehoben. Ab 1981 ersetzte die überarbeitete Version A 109A Mk.II die frühere A 109A auf der Montagestrasse. 1984 entwickelte Agusta eine Ausführung mit 20 cm breiterer Kabine, deren Prototyp im September 1984 erstmals flog.
Hersteller: Construzione Aeronautiche Giovanni Agusta SpA, Cascina Costa, Gallarate, Italien.

AGUSTA A 129 MANGUSTA

Ursprungsland: Italien.
Kategorie: Zweisitziger Kampfhubschrauber.
Triebwerke: Zwei Gasturbinen Rolls-Royce Gem 2Mk. 1004D von je 915 WPS (683 kW) Leistung.
Leistungen (geschätzt): Höchstgeschwindigkeit 278 km/h; Reisegeschwindigkeit mit TOW-Lenkwaffen und einem Fluggewicht von 3800 kg 240 km/h auf 1750 m; max. Schrägsteiggeschwindigkeit bei 3800 kg 10,6 m/Sek; Schwebehöhe mit Bodeneffekt 2190 m, ohne Bodeneffekt 2390 m; max. Flugdauer 3 Std.
Gewichte: Normales Startgewicht 3665 kg; max. Startgewicht 3800 kg.
Abmessungen: Rotordurchmesser 11,90 m; Rumpflänge 12,14 m.
Bewaffnung: Acht Panzerabwehrlenkwaffen TOW plus Raketenwerfer für ungelenkte 70-mm-Raketen.
Bemerkungen: Die A 129 Mangusta ist ein spezialisierter Kampf- und Panzerabwehrhubschrauber für den Allwettereinsatz. Ihr Entwurf geht auf eine Ausschreibung der italienischen Armee für eine solche Maschine zurück. Erstflug des ersten von vier Prototypen am 15. September 1983, mit Beginn der Ablieferungen 1988. 20 Mangustas wurden 1987 für die niederländische Armee bestellt und weitere 60 dürften von Italien selbst in Auftrag gegeben werden. Der vierte Prototyp, welcher seit dem März 1985 fliegt, ist vollständig ausgerüstet und verfügt wie die Serienmaschinen über ein Nachtsichtgerät und einen Bordcomputer. Dies erlaubt es der Besatzung, ihre Ziele auch nachts und bei schlechtem Wetter zu finden. 1985 legte Agusta drei neue Versionen in Projektform vor, darunter ein mehrsitziger Kampfzonentransporter.
Hersteller: Construzioni Aeronautiche Giovanni Agusta SpA, Cascina Costa, Gallarate, Italien.

BELL AH-1S HUEYCOBRA

Ursprungsland: USA.
Kategorie: Zweisitziger Kampfhubschrauber.
Triebwerke: Eine Gasturbine Avco Lycoming T53-L-703 von 1800 WPS (1343 kW) Leistung.
Leistungen: Höchstgeschwindigkeit 277 km/h, mit TOW-Lenkwaffen 227 km/h; max. Schrägsteiggeschwindigkeit 8,23 m/Sek; Schwebehöhe mit TOW-Lenkwaffen und Bodeneffekt 37 m; max. Reichweite 574 km.
Gewichte (mit TOW-Lenkwaffen): Rüstgewicht 2939 kg; max. Startgewicht 4535 kg.
Abmessungen: Rotordurchmesser 13,41 m; Rumpflänge 13,59 m.
Bewaffnung: Acht Panzerabwehrlenkwaffen TOW und eine dreiläufige 20-mm-Kanone M-197.
Bemerkungen: Die AH-1S Hueycobra ist ein Kampf- und Panzerabwehrhubschrauber und steht hauptsächlich bei der US Army im Dienst, die bis 1981 insgesamt 297 Hubschrauber des Typs AH-1S erhalten hat. Hinzu kommen 290 Stück aus einem Umrüstungsprogramm für die älteren Modelle AH-1G und AH-1Q. In nächster Zukunft sollen weitere 372 AH-1G auf den AH-1S-Standard gebracht werden. Bis Ende 1985 wurden alle AH-1S zusätzlich mit einer erweiterten Avionik- und Feuerleitausrüstung versehen («modernised AH-1S»), so dass schlussendlich insgesamt 959 Hueycobras auf dem letzten Stand der Technik sein werden. Im Dezember 1979 flog versuchsweise eine mit einem Vierblattrotor versehene Hueycobra – sie wird als Modell 249 bezeichnet. Die AH-1S wird in Japan bei Fuji für die JGSDF in Lizenz gebaut, Beschaffungsziel sind hier 54 Hueycobras. Auch Israel, Jordanien und Pakistan (siehe Abbildung) haben die AH-1S erhalten.
Hersteller: Bell Helicopter Textron Inc., Fort Worth, Texas, USA.

BELL AH-1W SUPERCOBRA

Ursprungsland: USA.
Kategorie: Zweisitziger Kampfhubschrauber.
Triebwerke: Zwei Gasturbinen General Electric T700-GE-401 von je 1693 WPS (1263 kW) Leistung.
Leistungen: Max. Reisegeschwindigkeit 296 km/h auf 900 m; Schwebehöhe ohne Bodeneffekt 3050 m; Reichweite 611 km auf 900 m.
Gewichte: Leer 4400 kg; max. Startgewicht 6691 kg.
Abmessungen: Rotordurchmesser 13,63 m; Rumpflänge 13,79 m.
Bewaffnung: Eine dreiläufige 20-mm-Revolverkanone und bis zu vier Luft-Luft-Lenkwaffen AIM-9L Sidewinder unter den Stummelflügeln. Weitere Bewaffnungsmöglichkeiten sind acht lasergelenkte Panzerabwehrraketen Hellfire, 76 ungelenkte 70-mm-Raketen, zusätzliche Kanonenbewaffnung, oder ungelenkte Zuni-Raketen gegen Luftziele.
Bemerkungen: Als Weiterentwicklung der AH-1T SeaCobra (siehe Ausgabe 1984) mit erweitertem Leistungsspektrum flog die AH-1+SuperCobra erstmals am 16. November 1983, und die erste Serie von 22 Maschinen wurde im März 1986 an das US Marine Corps abgeliefert. Weitere 22 SuperCobras sind bestellt. Gegenwärtig plant das USMC, 44 AH-1T auf den AH-1W-Standard zu bringen und ab dem Fiskaljahr 1987 zusätzlich 34 neue AH-1W zu beschaffen. Als stärkere und besser gepanzerte Version der SeaCobra wird die SuperCobra vom USMC hauptsächlich als Eskorte für Transporthubschrauber und Landungstruppen eingesetzt, eignet sich aber ebenso als bewaffneter oder unbewaffneter Aufklärungshubschrauber, zur Laser-Zielbezeichnung oder zu Erdkampfunterstützung. Es wäre möglich, die älteren Versionen auf den SuperCobra-Standard zu bringen.
Hersteller: Bell Helicopter Textron Inc., Fort Worth, Texas, USA.

BELL 214ST

Ursprungsland: USA.
Kategorie: Mittelschwerer Transporthubschrauber.
Triebwerke: Zwei Gasturbinen General Electric CT7-2A von je 1625 WPS (1212 kW) Leistung, reduziert auf eine Gesamtleistung von 2250 WPS (1678 kW).
Leistungen: Max. Reisegeschwindigkeit 264 km/h auf Meereshöhe, bzw. 259 km/h auf 1120 m; Schwebehöhe mit Bodeneffekt 3840 m, ohne Bodeneffekt 1005 m; Reichweite ohne Zusatztanks 740 km.
Gewichte: Max. Startgewicht 7983 kg.
Abmessungen: Rotordurchmesser 15,85 m; Rumpflänge 15,24 m.
Zuladung: Ein bis zwei Piloten und 16 bis 17 Passagiere als Verkehrshubschrauber oder 17 vollausgerüstete Soldaten als Militärhubschrauber.
Bemerkungen: Die Bell 214ST (**S**uper **T**ransport) ist eine bedeutend verbesserte Ausführung der früheren Bell 214B Big Lifter (siehe Ausgabe 1978), deren Produktion anfangs 1981 zu Ende ging. Ein Entwicklungshelikopter flog erstmals im März 1977, und die drei dem Serienmodell entsprechenden Prototypen, wovon einer repräsentativ für die Militärversion, die beiden anderen für die Zivilversion, begannen mit dem Testflugprogramm im August 1979. 1981 eröffnete Bell eine Produktionsstrasse für den Bau einer Serie von 100 Bell 214ST und die ersten dieser Maschinen konnten noch 1982 ihren Käufern übergeben werden. Im März 1983 erhielt Bell die Zulassung für eine Version mit festem Fahrwerk. Die militärische Ausführung wurde an die Luftwaffe von Venezuela und Peru sowie an die thailändische Armee geliefert. Vier Maschinen gingen an die VR China.
Hersteller: Bell Helicopter Textron Inc., Fort Worth, Texas, USA.

BELL 222B

Ursprungsland: USA.
Kategorie: Leichter Mehrzweckhubschrauber.
Triebwerke: Zwei Gasturbinen Textron Lycoming LTS-101-750C-1 von je 680 WPS (507 kW) Leistung.
Leistungen: Max. Reisegeschwindigkeit 241 km/h auf Meereshöhe bzw. 235 km/ auf 2400 m; max. Steiggeschwindigkeit 8,8 m/Sek; Schwebehöhe mit Bodeneffekt 3135 m, ohne Bodeneffekt 1940 m; Reichweite ohne Reserven 724 km auf 2400 m.
Gewichte: Leer 2076 kg; max. Startgewicht in Standardkonfiguration 3742 kg.
Abmessungen: Rotordurchmesser 12,80 m; Rumpflänge 12,12 m.
Zuladung: Zwei Piloten und maximal zehn Passagiere. VIP-Ausführung für sechs Passagiere, Zubringerausführung für Erdöl-Bohrinseln für zwei Piloten und acht Passagiere, Ambulanzversion für zwei Patienten und zwei Pfleger.
Bemerkungen: Der erste von fünf Prototypen flog erstmals am 13. August 1976. 1978 begann Bell mit dem Bau einer ersten Serie von 250 Stück, welche ab Januar 1980 zur Auslieferung kamen. Zu Beginn 1988 waren davon 200 Stück abgeliefert. Zurzeit stellt Bell eine Maschine pro Monat her. Verschiedene Versionen der Bell 222 sind in Entwicklung oder werden bereits gebaut, so die Bell 222B mit stärkeren Triebwerken und grösserem Hauptrotor, die Mehrzweckversion Bell 222UT (Utility, siehe Abbildung), welche ihre Zulassung Mitte 1983 erhalten hatte und die Bell 222 Offshore zur Versorgung von Erdöl-Bohrinseln (mit spezieller Navigationseinrichtung und aufblasbaren Schwimmern).
Hersteller: Bell Helicopter Textron Inc., Fort Worth, Texas, USA.

BELL 412

Ursprungsland: USA.
Kategorie: Mehrzweck- und Transporthubschrauber.
Triebwerke: Eine Gasturbine Pratt & Whitney PT6T-3B-1 von 1800 WPS (1343 kW) Leistung.
Leistungen: Höchstgeschwindigkeit 240 km/h auf Meereshöhe; Reisegeschwindigkeit 230 km/h auf Meereshöhe bzw. 235 km/h auf 1525 m; Schwebehöhe mit Bodeneffekt 3290 m, ohne Bodeneffekt 2165 m (bei einem Fluggewicht von 4763 kg); max. Reichweite 454 km ohne zusatztanks bzw. 834 km mit Zusatztanks.
Gewichte: Leer 2964 kg; max. Startgewicht 5397 kg.
Abmessungen: Rotordurchmesser 14,02 m; Rumpflänge 12,70 m.
Zuladung: Ein bis zwei Piloten und 13 bis 14 Passagiere.
Bemerkungen: Die Bell 412, welche Anfang August 1979 erstmals flog, ist im Prinzip eine stärkere Version der Bell 212 (siehe Ausgabe 1979) mit neuem Vierblattrotor, einem kürzeren Rotormast und verstärkter Transmission. Zudem beträgt die erwartete Lebensdauer der Bell 412 etwa das Doppelte der Bell 212. Die Rotorblätter bestehen aus Kunststoff, und der Rotorkopf besitzt Elastomerlager und -schwingungsdämpfer, die praktisch unterhaltsfrei sind. Eine erste Serie von 200 Bell 412 ist seit 1980 im Bau, Beginn der Kundenlieferungen im Februar 1981. Agusta (Italien) baut, abgesehen von der Lizenzherstellung der 412, eine eigene Militärversion, die Agusta-Bell Griffone. In Indonesien ist inzwischen die Lizenzherstellung durch IPTN ebenfalls angelaufen. IPTN hofft, mindestens 100 Hubschrauber unter der Bezeichnung IPTN-Bell NBell-412 zu verkaufen.
Hersteller: Bell Helicopter Textron Inc., Fort Worth, Texas, USA.

BOEING VERTOL 414 CHINOOK

Ursprungsland: USA.
Kategorie: Mittelschwerer Transporthubschrauber.
Triebwerke: Zwei Gasturbinen Textron Lycoming T55-L-712 von je 3750 WPS (2797 kW) Leistung.
Leistungen (bei einem Fluggewicht von 20593 kg): Höchstgeschwindigkeit 235 km/h auf Meereshöhe; Durchschnitts-Reisegeschwindigkeit 211 km/h; max. Schrägsteiggeschwindigkeit 7,0 m/Sek; Dienstgipfelhöhe 2560 m; max. Überführungsreichweite 1915 km.
Gewichte: Leer 10247 kg; max. Startgewicht 22680 kg.
Abmessungen: Rotordurchmesser je 18,29 m; Rumpflänge 15,55 m.
Zuladung: Zwei Piloten und 33 bis 44 Soldaten. Als Ambulanzhubschrauber 24 Patienten plus zwei Pfleger. Drei Frachthaken für den Transport von maximal 12700 kg Aussenlasten.
Bemerkungen: Die Boeing Vertol 414 basiert bezüglich Ausrüstung und Eigenschaften auf der CH-147, ist aber zusätzlich mit Kunststoff-Rotorblättern versehen. Sie wurde in 41 Exemplaren als Chinook HC Mk.1 an die RAF geliefert (die erste HC Mk.1 flog am 23. März 1980 zum ersten Mal und wurde am 2. Dezember 1980 der RAF übergeben). Seit 1981 läuft bei Boeing Vertol ein Umbauprogramm für 436 Exemplare der älteren CH-47A, B und C, welche alle auf den CH-47D-Standard gebracht werden. Dieses Programm ist voraussichtlich 1993 abgeschlossen. Lizenzbauvertrag mit Elicotteri Meridionali (Frosinone Italien), wo bisher über 100 Chinooks entstanden, sowie mit Kawasaki, Japan (voraussichtlich 52 Exemplare). Die neuste Version MH-47E ist für Geheim- und Sondereinsätze der US Army vorgesehen und weist u. a. stärkere Triebwerke auf. Vorerst sind 16 Exemplare bestellt.
Hersteller: Boeing Vertol Company, Boeing Center, Philadelphia, Pennsylvania, USA.

EH INDUSTRIES EH 101

Ursprungsland: Grossbritannien und Italien.
Kategorie: U-Boot-Jäger sowie ziviler und militärischer Transport- und Mehrzweckhubschrauber.
Triebwerke: Drei Gasturbinen General Electric CT7-2A von je 1729 WPS (1289,5 kW) in der Marineausführung, CT7-6 von je 2000 WPS (1491,6 kW) Leistung in der Zivil- und Mehrzweckausführung.
Leistungen: Typische Reisegeschwindigkeit 278 km/h; Schwebehöhe mit Bodeneffekt 2745 m, ohne Bodeneffekt 1675 m; Reichweite in Mehrzweckkonfiguration mit 3175 kg Nutzlast 648 km.
Gewichte: Rüstgewicht Marineausführung 9725 kg, Zivilausführung 8562 kg; max. Startgewicht Marineausführung 13000 kg, Zivilausführung 14290 kg.
Abmessungen: Rotordurchmesser 18,59 m; Länge inkl. Rotor 22,94 m.
Bemerkungen: EH Industries ist eine Arbeitsgemeinschaft zwischen Westland Helicopters (GB) und Agusta (Italien) zur Entwicklung eines Mehrzweckhubschraubers, der EH-101. Die erste von neun Entwicklungs- und Versuchsmaschinen flog am 9. Oktober 1987 (in Grossbritannien), die zweite am 14. Dezember 1987 (in Italien) erstmals. Flugzeuge Nummer vier und fünf sind Marineprototypen, Nummer sechs der Mehrzweckprototyp der Armeeversion und Nummer acht und neun sind zivile Prototypen. Die Zivilversion vermag bis zu 30 Passagiere, die Militärversion bis zu 28 vollausgerüstete Soldaten zu befördern. Die Zulassung wird für 1990 erwartet. Grossbritannien wird voraussichtlich 50 Marine- und mindestens 25 Mehrzweckhubschrauber bestellen, Italien 38 der erstgenannten Version. Auch Kanada hat die EH-101 für seine Marine bestellt.
Hersteller: EH Industries Ltd., London, Grossbritannien.

KAMOW KA-27 (HELIX)

Ursprungsland: UdSSR.
Kategorie: Bordgestützter U-Boot-Jäger (Ka-27) und Mehrzweckhubschrauber (Ka-32).
Triebwerke: Zwei Gasturbinen Isotow TV3-117V von je 2205 WPS (1645 kW) Leistung.
Leistungen (Ka-32): Höchstgeschwindigkeit 255 km/h; max. Durchschnitts-Reisegeschwindigkeit 230 km/h; max. Reichweite 800 km; Dienstgipfelhöhe bei einem Fluggewicht von 11 000 kg 5000 m.
Gewichte (Ka-32): Normal beladen 11 000 kg; max. Startgewicht mit Aussenlast 12 600 kg.
Abmessungen: Rotordurchmesser 15,90 m; Gesamtlänge inkl. Rotoren 11,30 m.
Zuladung (Ka-32): Zwei Piloten und 16 Passagiere oder entsprechende Menge Fracht. Mit Hilfe des Frachthakens vermag die Ka-32S bis zu fünf Tonnen Fracht zu transportieren.
Bemerkungen: Vermutlich 1979/80 erstmals geflogen, wurde die Ka-27 anlässlich der baltischen Herbstmanöver Zapad-81 des Warschaupakts im September 1981 zum ersten Mal eingesetzt. Die Zivilausführung Ka-32 unterscheidet sich lediglich in Details und in der Ausrüstung vom militärischen Basismodell, welches als Helix-A (U-Boot-Jäger) und Helix-B (zur Zielbezeichnung und als Relaisstation bei der Steuerung von Lenkwaffen) auf den sowjetischen Flugzeugträgern stationiert ist. Die Helix-C (siehe Abbildung) ist eine Seenotrettungsversion der Ka-27 mit eingebauter Rettungswinde. Die Spezialversion Ka-32S dient als fliegender Kran für das Be- und Entladen von Frachtschiffen und Eisbrechern, als Küstenwacht- und Eisbeobachtungshelikopter.
Konstrukteur: OKB Nikolai I. Kamow, UdSSR.

KAMOW (HOKUM)

Ursprungsland: UdSSR.
Kategorie: Zweisitziger Kampfhubschrauber.
Triebwerke: Zwei Gasturbinen unbekannter Herkunft, möglicherweise Isotow TV3-117.
Leistungen (geschätzt): Höchstgeschwindigkeit 350 km/h; Einsatzradius 250 km.
Gewichte (geschätzt): Normal beladen 5450 kg.
Abmessungen (geschätzt): Rotordurchmesser je 18,20 m; Länge über alles 16,00 m; Höhe 5,40 m.
Bewaffnung: Man nimmt an, dass die Hokum mit einer fest eingebauten, grosskalibrigen Kanone bewaffnet ist. Hinzu kommen Raketenwerfer, Luft-Luft- und Luft-Boden-Lenkwaffen oder auch Panzerabwehrlenkwaffen, je nach Einsatzzweck.
Bemerkungen: Wahrscheinlich der Welt erster Jagdhubschrauber, optimiert zur Bekämpfung gegnerischer Kampf- und Transporthubschrauber mit sekundärer Erdkampfeignung, besitzt die Hokum keinen direkten Gegner aus dem westlichen Lager. Man schätzt, dass die Flugerprobung Ende 1983 oder Anfang 1984 stattfand, und die erste einsatzfähige Staffel dürfte etwa 1988-89 ausgerüstet sein. Obige Illustration muss als provisorisch betrachtet werden, doch stützt sie sich auf die allerneusten zurzeit verfügbaren Informationen und gibt die ungefähre Auslegung wieder. Der für Kamow charakteristische gegenläufige Rotor wurde einmal mehr übernommen. Westliche Fachleute glauben, dass mit der Hokum ein beträchtliches Übergewicht der Sowjetstreitkräfte an Kampfhubschraubern entsteht, und zwar qualitativ wie quantitativ.
Konstrukteur: OKB Nikolai I. Kamow, UdSSR.

MBB BO 105LS

Ursprungsland: Bundesrepublik Deutschland.
Kategorie: Leichter Mehrzweckhubschrauber.
Triebwerke: Zwei Gasturbinen Allison 250-C28C von je 550 WPS (410 kW) Leistung.
Leistungen: Höchstgeschwindigkeit 270 km/h auf Meereshöhe; max. Reisegeschwindigkeit 252 km/h auf Meereshöhe; max. Steiggeschwindigkeit 10 m/Sek; Schwebehöhe mit Bodeneffekt 4000 m, ohne Bodeneffekt 3440 m; Reichweite 460 m.
Gewichte: Leer 1250 kg; max. Startgewicht 2400 kg, mit Aussenlasten 2500 kg.
Abmessungen: Rotordurchmesser 9,84 m; Rumpflänge 8,56 m.
Zuladung: Fünf bis sechs Personen.
Bemerkungen: Die BO 105LS ist eine stärkere Ausführung der BO 105CB (siehe Ausgabe 1979) für den Einsatz in heissen und hochgelegenen Gebieten. Im übrigen ist sie identisch mit der BO 105CBS Twin Jet II, die jedoch mit dem schwächeren Allison 250-C20B von 420 WPS (313 kW) ausgerüstet ist. Zu Beginn 1988 hatte MBB über 1200 BO 105 aller Versionen fertiggestellt und abgeliefert, und die Serienherstellung läuft bei einer monatlichen Produktionsrate von fünf Maschinen weiter. Lizenzbauverträge bestehen mit der lokalen Flugzeugindustrie in Indonesien (IPTN), den Philippinen (Philippine Aerospace Development Corporation) und Spanien (AISA). Die Ablieferung von 227 Beobachtungs- und Mehrzweckhubschraubern BO 105M an die Bundeswehr begann 1979, die Lieferung von 212 für die Panzerabwehr spezialisierten BO 105P (PAH-1) am 4. Dezember 1980.
Hersteller: Messerschmitt-Bölkow-Blohm GmbH, Ottobrunn bei München, Bundesrepublik Deutschland.

MBB-KAWASAKI BK 117 A-3

Ursprungsland: Bundesrepublik Deutschland und Japan.
Kategorie: Mehrzweckhubschrauber.
Triebwerke: Zwei Gasturbinen Textron Lycoming LTS-101-650B-1 von je 600 WPS (447,5 kW) Leistung.
Leistungen: Höchstgeschwindigkeit 275 km/h auf Meereshöhe; Reisegeschwindigkeit 264 km/h auf Meereshöhe; max. Steiggeschwindigkeit 10 m/Sek; Schwebehöhe mit Bodeneffekt 3150 m; Reichweite mit max. Nutzlast 545 km.
Gewichte: Leer 1520 kg; max. Startgewicht 2800 kg.
Abmessungen: Rotordurchmesser 11,00 m; Rumpflänge 9,88 m.
Zuladung: Acht bis zwölf Personen.
Bemerkungen: Die BK 117 entstand in zweijähriger gemeinsamer Entwicklung zwischen MBB (Bundesrepublik Deutschland) und Kawasaki (Japan). Dabei ist MBB für Haupt- und Heckrotor, das Leitwerk und die Hydrauliklikanlage zuständig, Kawasaki hingegen für Rumpf, Fahrwerk, Transmission und einige andere Bauteile. Die beiden Prototypen flogen erstmals am 13. Juni 1979 und am 10. August 1979. Seit 1980 befindet sich die BK 117 in der Serienproduktion (die erste Serienmaschine flog am 24. Dezember 1981), und die ersten Serienflugzeuge wurden im ersten Quartal 1983 an ihre Käufer abgeliefert. Ende 1984 hatte MBB-Kawasaki bereits 40 Exemplare gebaut. Zurzeit beträgt die Produktionsrate zwei BK 117 im Monat. Die BK 117 wird auf zwei getrennten Montagestrassen gefertigt, eine in München und eine in Gifu. Die BK 117A-3M ist eine militärische Mehrzweckausführung.
Hersteller: Messerschmitt-Bölkow-Blohm GmbH, Ottobrunn bei München, Bundesrepublik Deutschland.

McDONNELL DOUGLAS 500MD DEFENDER II

Ursprungsland: USA.
Kategorie: Zweisitziger leichter Kampf- und Mehrzweckhubschrauber.
Triebwerke: Eine Gasturbine Allison 250-C20B von 420 WPS (313 kW) Leistung.
Leistungen (bei einem Fluggewicht von 1263 kg): Höchstgeschwindigkeit 282 km/h auf Meereshöhe; Reisegeschwindigkeit 257 km/h auf 1220 m; Schrägsteiggeschwindigkeit 9,75 m/Sek; Schwebehöhe mit Bodeneffekt 2682 m, ohne Bodeneffekt 2164 m; max. Reichweite 423 km.
Gewichte: Leer 588 kg; max. Startgewicht ohne Aussenlasten 1362 kg, mit Aussenlast 1642 kg.
Abmessungen: Rotordurchmesser 8,05 m; Rumpflänge 6,52 m.
Bewaffnung: Eine 30-mm-Kanone unter dem Rumpf sowie Luft-Luft-Lenkwaffen General Dynamics Stinger.
Bemerkungen: Die Defender II ist eine Mehrzweckausführung der Hughes 500MD. Sie wurde 1980 eingeführt, und die ersten Serienmaschinen gingen 1982 an ihre Käufer. Ausgerüstet mit einem Mastsichtgerät (mit Nacht- und Schlechtwettereignung) ist die Defender II für so verschiedene Einsatzzwecke geeignet wie Laser-Zielbezeichnung, Kampfhubschrauber-Abwehr, Unterstützung der Bodentruppen und Transport- und Verbindungsaufgaben Die Hughes TOW-Defender, welche mit vier Panzerabwehr-Lenkwaffen TOW ausgerüstet ist, steht zurzeit in Israel (30), in Südkorea (45) und in Kenia (15) im Einsatz. Zu Beginn 1987 betrug die Produktionsrate sieben Maschinen monatlich. Neuste Versionen sind die 500ME und die 500MG Paramilitary Defender.
Hersteller: McDonnell Douglas Helicopter Company, Culver City, Kalifornien, USA.

McDONNELL DOUGLAS 530F LIFTER

Ursprungsland: USA.
Kategorie: Leichter Mehrzweckhubschrauber.
Triebwerke: Eine Gasturbine Allison 250-C30 von 650.
Leistungen: Max. Reisegeschwindigkeit 250 km/h auf Meereshöhe; ökonom. Reisegeschwindigkeit 241 km/h auf 1525 m; max. Schrägsteiggeschwindigkeit 9,04 m/Sek; Schwebehöhe mit Bodeneffekt 3660 m, ohne Bodeneffekt 2925 m; Reichweite 434 km auf 1525 m.
Gewichte: Max. Startgewicht 1406 kg.
Abmessungen: Rotordurchmesser 8,38 m; Rumpflänge 7,07 m.
Zuladung: Fünf Personen.
Bemerkungen: Die McDonnell Douglas 530F ist eine Spezialausführung der früheren Hughes 500E (siehe Ausgabe 1983) für heisse und hochgelegene Gebiete. Beide Modelle unterscheiden sich vom Vorgängermuster 500D durch ihre neue, spitzere Rumpfnase, womit mehr Beinfreiheit für die Piloten und eine um 12% höhere Passagierkabine geschaffen werden konnte. Der Hauptunterschied zwischen der 500E und der 530F liegt aber im stärkeren Triebwerk und im Rotor grösseren Durchmessers der 530F (500E: Allison 250-C20B von 520 WPS, bzw. 388 kW). Die McDonnell Douglas 500E flog erstmals am 28. Januar 1982 und erhielt ihre Zulassung im November 1982. Die Version 530F startete im Oktober 1982 zu ihrem Erstflug, die erste zivile 530F war im Januar 1984 abgeliefert. McDonnell Douglas entwickelt zurzeit eine militärische Version der 530F, die 530MG (Erstflug 4. Mai 1985).
Hersteller: McDonnell Douglas Helicopter Company, Culver City, Kalifornien, USA.

McDONNELL DOUGLAS AH-64 APACHE

Ursprungsland: USA.
Kategorie: Zweisitziger Kampfhubschrauber.
Triebwerke: Zwei Gasturbinen General Electric T700-GE-701 von je 1690 WPS (1260 kW) Leistung.
Leistungen: Höchstgeschwindigkeit 307 km/h; Reisegeschwindigkeit 288 km/h; max. Schrägsteiggeschwindigkeit 16,27 m/Sek; Schwebehöhe mit Bodeneffekt 4453 m, ohne Bodeneffekt 3600 m; Dienstgipfelhöhe 6400 m; max. Reichweite 682 km.
Gewichte: Leer 4490 kg; normales Startgewicht 6169 m; max. Startgewicht 7892 kg.
Abmessungen: Rotordurchmesser 14,63 m; Rumpflänge 14,70 m.
Bewaffnung: Eine einläufige 30-mm-Kanone unter dem Vorderrumpf. Vier externe Aufhängepunkte unter den Stummelflügeln u.a. für acht BGM-71A-TOW-Panzerabwehrlenkwaffen oder 16 lasergesteuerte Hellfire-Lenkwaffen.
Bemerkungen: Gewinner des AAH- (**A**dvanced **A**ttack **H**elicopter) Wettbewerbs der US Army für einen neuen Kampfhubschrauber. Zwei Prototypen, wovon der erste am 30. September 1975 einen Erstflug durchführte, dienten der primären Flugerprobung. Weitere drei sind mit der vollständigen Avionik und Bewaffnung versehen; der erste davon fliegt seit dem 31. Oktober 1979. Zu Beginn 1987 waren 593 Apaches fest bestellt, wovon McDonnell im März 1988 rund 310 abgeliefert hatte. Die Produktionsrate betrug zu diesem Zeitpunkt zehn Apaches monatlich. Man schätzt den Gesamtbedarf der US Army auf 675 Apaches.
Hersteller: McDonnell Douglas Helicopter Company, Culver City, Kalifornien, USA.

MIL MI-8/17 (HIP)

Ursprungsland: UdSSR.
Kategorie: Kampfzonen-Transporthubschrauber.
Triebwerke: Zwei Gasturbinen Isotow TV2-117A von 1700 WPS (1268 kW) Leistung (Mi-8) oder TV3-117MT von je 1900 WPS (1417 kW) Leistung (Mi-17).
Leistungen: Höchstgeschwindigkeit (Mi-8 bei 12000 kg Fluggewicht) 230 km/h bzw. (Mi-17 bei 13000 kg Fluggewicht) 250 km/h; max. Reisegeschwindigkeit (Mi-8) 180 km/h bzw. (Mi-17) 240 km/h; Schwebehöhe mit Bodeneffekt (Mi-8 bei 11000 kg Fluggewicht) 1900 m, ohne Bodeneffekt 800 m bzw. (Mi-17 bei 11000 kg Fluggewicht) Schwebehöhe ohne Bodeneffekt 1760 m.
Gewichte: Leer 7260 kg; max. Startgewicht (Mi-8) 12000 kg bzw. (Mi-17) 13000 kg.
Abmessungen: Rotordurchmesser 21,29 m; Rumpflänge (Mi-8) 18,17 m bzw. (Mi-17) 18,42 m.
Zuladung: Drei Mann Besatzung und 28 Passagiere in der Zivilversion, 24 auf Klappsitzen entlang den Wänden in der Militärversion.
Bemerkungen: Die Mi-8 und die Mi-17 (siehe Abbildung) sind weitgehend identisch und unterscheiden sich lediglich in den Triebwerken und in der Avionik. Der Prototyp der Mi-8 führte seinen Erstflug 1961 aus, mit Beginn der Serienproduktion (Hip-C) im Laufe von 1963. Bis heute wurden über 10000 Hubschrauber dieser beiden Typen gebaut. Noch immer stellen die Sowjets jährlich 700 Mi-17 her. Unter den Militärausführungen finden sich die Kampfzonentransporter Hip-C und Hip-N, die Nachrichtenversionen Hip-D und Hip-G und die bewaffneten Kampfhubschrauber Hip-E und Hip-F. Die Mi-8/17 befindet sich bei 40 Luftwaffen im Einsatz.
Konstrukteur: OKB Michail L. Mil, UdSSR.

MIL MI-24 (HIND-D)

Ursprungsland: UdSSR.
Kategorie: Kampfzonentransporter und Panzerabwehrhubschrauber.
Triebwerke: Zwei Gasturbinen Isotow TV3-117 von je 2200 WPS (1614 kW) Leistung.
Leistungen (geschätzt): Höchstgeschwindigkeit 270 km/h bis 290 km/h auf 1000 m; Reisegeschwindigkeit 233 km/h; max. Schrägsteiggeschwindigkeit 15,0 m/Sek; Dienstgipfelhöhe 4500 m; Aktionsradius mit maximaler Zuladung 160 km.
Gewichte (geschätzt): Normales Startgewicht 10 000 kg.
Abmessungen (geschätzt): Rotordurchmesser 16,76 m; Rumpflänge 16,90 m.
Zuladung: Zwei Mann Besatzung, wovon ein Pilot und ein Bordschütze sowie acht bis zwölf Soldaten.
Bewaffnung: Ein vierläufiges 12,7-mm-MG in einem Drehturm unter der Rumpfnase, plus sechs Aufhängepunkte unter den Stummelflügeln für max. 1275 kg Waffenlasten (vier infrarotgesteuerte Panzerabwehrlenkwaffen AT-2 Swatter und vier Raketenwerfer oder Bomben und Luft-Luft-Lenkwaffen).
Bemerkungen: Die Version Hind-D unterscheidet sich vom Basismodell Hind-A durch ein neues Rumpfvorderteil mit zwei separierten, hinter- und übereinanderliegenden Cockpits, eine verstärkte Bewaffnung mit modernen Zielvorrichtungen und einem auf die linke Seite verlegten Heckrotor. Die Mi-24 wurde in verschiedenen Versionen an Afghanistan, Algerien, Bulgarien, Kuba, Tschechoslowakei, Ostdeutschland, Ungarn, Irak, Libyen, Polen und Südjemen geliefert. Bei der Hind-F wurde der MG-Drehturm durch eine seitlich angebrachte 30-mm-Kanone ersetzt.
Konstrukteur: OKB Michail L. Mil, UdSSR.

MIL MI-26 (HALO)

Ursprungsland: UdSSR.
Kategorie: Schwerer militärischer und ziviler Transporthubschrauber.
Triebwerke: Zwei Gasturbinen Lotarew D-136 von je 11 400 WPS (8502 kW) Leistung.
Leistungen: Höchstgeschwindigkeit 295 km/h; normale Reisegeschwindigkeit 255 km/h; Schwebehöhe mit Bodeneffekt 4500 m, ohne Bodeneffekt 1800 m; Reichweite bei einem Fluggewicht von 49 500 kg 500 km, bei 56 000 kg 800 km.
Gewichte: Leer 28 200 kg; normales Startgewicht 49 500 kg; max. Startgewicht 56 000 kg.
Abmessungen: Rotordurchmesser 32,00 m; Rumpflänge 33,73 m.
Zuladung: Fünf Mann Besatzung und, als Militärtransporter, bis zum 100 Soldaten oder 20 000 kg Fracht.
Bemerkungen: Als schwerster und stärkster Hubschrauber der Welt fliegt die Mi-26 bereits seit dem 14. Dezember 1977. 1980 wurde eine erste Vorserie hergestellt und ab 1981 befindet sich die Serienversion angeblich im Serienbau für die Aeroflot und die sowjetische Luftwffe. Eine technische Neuheit stellt vor allem der erste Achtblattrotor der Welt und dessen Titan-Rotorkopf samt Kraftübertragung dar. Der Frachtraum der Mi-26 ist grösser als derjenige des viermotorigen Frachtflugzeugs An-12. Obschon die Mi-26 angeblich als Zivilhelikopter entworfen wurde, ist das militärische Potential offensichtlich, und es besteht auch schon mindestens eine mit der Mi-26 ausgerüstete Versuchsstaffel bei der V-VS zur Truppenerprobung. Zehn Mi-26 werden zurzeit an Indien (siehe Abbildung) geliefert.
Konstrukteur: OKB Michail L. Mil, UdSSR.

MIL MI-28 (HAVOC)

Ursprungsland: UdSSR.
Kategorie: Zweisitziger Kampfhubschrauber.
Triebwerke: Zwei Gasturbinen unbekannter Herkunft, möglicherweise Weiterentwicklung der Isotow TV3-117, von schätzungsweise je 2000 bis 2500 WPS (1500–1850 kW) Leistung.
Leistungen (geschätzt): Höchstgeschwindigkeit 300 km/h; Einsatzradius 240 km.
Gewichte: Keine Angaben erhältlich.
Abmessungen (geschätzt): Rotordurchmesser 17,00 m; Rumpflänge inkl. Heckrotor 17,40 m.
Bewaffnung: Eine grosskalibrige Kanone, wahrscheinlich eine mehrläufige 23-mm-Kanone in einem Drehturm unter der Rumpfnase und Aufhängepunkte unter den Stummelflügeln für lasergesteuerte Panzerabwehrraketen, Luft-Luft- und Luft-Boden-Lenkwaffen.
Bemerkungen: Die Entwicklung der Mi-28 (deren Abbildung hier nur provisorisch sein kann) geht auf die frühen achziger Jahre zurück, und man schätzt, dass die ersten Kampfhubschrauber-Regimenter 1987 auf die Mi-28 umgerüstet wurden. Sie ist in Leistung und Grösse gut mit der amerikanischen McDonnell Douglas AH-64 (siehe Seite 237) vergleichbar und kann, im Gegensatz zum Kampfhubschrauber Mi-24 (Hind), ausser Pilot und Bordschütze keine weiteren Personen transportieren. Es scheint, dass viel Gewicht auf Wendigkeit und Beschussfestigkeit gelegt wurde und wahrscheinlich besteht die ganze Rumpfnase aus in die Zelle integrierten Panzerplatten. Interessantes Detail sind auch die nach oben gerichteten Abgasöffnungen der beiden Gasturbinen, vermutlich um die Infrarotsignatur möglichst gering zu halten.
Hersteller: OKB Michail L. Mil, UdSSR.

SIKORSKY CH-53E SUPER STALLION

Ursprungsland: USA.
Kategorie: Schwerer amphibischer Kampfzonentransporter und Minensucher.
Triebwerke: Drei Gasturbinen General Electric T64-GE-415 von je 4380 WPS (3276 kW) Leistung.
Leistungen (bei einem Fluggewicht von 25 400 kg): Höchstgeschwindigkeit 315 km/h auf Meereshöhe; Reisegeschwindigkeit 278 km/h auf Meereshöhe; max. Schrägsteiggeschwindigkeit 14,0 m/Sek; Schwebehöhe mit Bodeneffekt 3520 m, ohne Bodeneffekt 2900 m; max. Reichweite 2075 km.
Gewichte: Leer 15 071 kg; max. Startgewicht 33 339 kg.
Abmessungen: Rotordurchmesser 24,08 m; Rumpflänge 22,38 m.
Zuladung: Drei Mann Besatzung und bis zu 55 Soldaten oder 14 500 kg Aussenlasten (Reichweite 93 km).
Bemerkungen: Die CH-53E ist eine vergrösserte Ausführung der CH-53D Sea Stallion (siehe Ausgabe 1974) mit drittem Triebwerk, verstärkter Transmission, sieben anstelle von sechs Rotorblättern und vergrössertem Rotordurchmesser. Der erste von zwei Prototypen flog erstmals am 1. März 1974 und die erste von zwei Vorserienmaschinen am 8. Dezember 1975. Zurzeit befindet sichdie CH-53E im Serienbau für die US Navy und das US Marine Corps, welche zusammen einen Bedarf für insgesamt 160 Maschinen aufweisen. Sikorsky baut monatlich je eine Super Stallion pro Heereszweig. Die Ablieferung der ersten Serienhubschrauber erfolgte Mitte 1981. Von der spezialisierten Minensuchversion MH-53E wird die US Navy insgesamt 35 Stück erhalten; die erste Einheit wurde im Juni 1986 übergeben.
Hersteller: Sikorsky Aircraft, Division of United Technologies Corporation, Stratford, Connecticut, USA.

SIKORSKY S-70 (UH-60A) BLACK HAWK

Ursprungsland: USA.
Kategorie: Taktischer Transporthubschrauber.
Triebwerke: Zwei Gasturbinen General Electric T700-GE-700 von je 1543 PWS (1151 kW) Leistung.
Leistungen: Höchstgeschwindigkeit 360 km/h auf Meereshöhe; Reisegeschwindigkeit 267 km/h; vertikale Steiggeschwindigkeit 2,28 m/Sek; Schwebehöhe mit Bodeneffekt 3050 m, ohne Bodeneffekt 1760 m; Flugdauer 2½ bis 3 Std.
Gewichte: Normales Startgewicht 7485 kg; Rumpflänge 15,26 m.
Abmessungen: Rotordurchmesser 16,23 m; Rumpflänge 15,26 m.
Zuladung: Drei Mann Besatzung und elf vollausgerüstete Soldaten oder sieben Patienten. Als Transporter bis zu 3630 kg Aussenlasten am Frachthaken.
Bemerkungen: Die Black Hawk war Gewinner des UTTAS (**U**tility **T**actical **T**ransport **A**ircraft **S**ystem) -Wettbewerbs der US Army, und der erste von drei Prototypen YUH-60A flog erstmals am 17. Oktober 1974. Eine vierte, werkeigene Maschine fliegt seit dem 23. Mai 1975. Ein kürzlich erteilter Auftrag für 252 Black Hawks der US Army wird die gesamte Bestellung auf gegen 1200 erhöhen. Zu Beginn 1988 waren etwa 900 davon hergestellt. Die in früheren Ausgaben erwähnte Version EH-60A wurde aus Budgetgründen gestrichen. Hingegen soll neu eine für Geheimaufträge optimierte MH-60K erprobt und in voraussichtlich 21 Exemplaren bestellt werden. Neun für den Präsidenten bestimmte VIP-Einheiten VH-60 werden seit Oktober 1987 abgeliefert. Australiens RAAF bestellte 1986 vorerst 14 (Gesamtbedarf 48) Exportmodelle der S-70 A-9 Black Hawk.
Hersteller: Sikorsky Aircraft, Division of United Technologies Corporation, Stratford, Connecticut, USA.

SIKORSKY S-70L (SH-60B) SEA HAWK

Ursprungsland: USA.
Kategorie: Bordgeschützter Mehrzweckhubschrauber.
Triebwerke: Zwei Gasturbinen General Electric T700-GE-401 von je 1690 WPS (1260 kW) Leistung.
Leistungen (bei einem Fluggewicht von 9183 kg): Höchstgeschwindigkeit 269 km/h auf Meereshöhe: max. Reisegeschwindigkeit 249 km/h auf 1525 m; Aufenthaltsdauer im Zielgebiet in 92 km Entfernung vom Stützpunkt 3 Std. 50 Min.
Gewichte: Leer 7485 kg; max. Startgewicht 9979 kg.
Abmessungen: Rotordurchmesser 16,36 m; Rumpflänge 15.26 m.
Zuladung: Drei bis vier Mann Besatzung, worunter ein Pilot und ein taktischer Offizier/Copilot im Cockpit, plus ein oder zwei Systemoperateure.
Bemerkungen: Gewinner des LAMPS (**L**ight **A**irborne **M**ulti-**P**urpose **S**ystem) -Wettbewerbs der US Navy vom September 1977 für einen bordgestützten Mehrzweckhubschrauber, welcher sowohl als U-Boot-Jäger als auch zum Aufspüren feindlicher Schiffe und zur Zielbezeichnung verwendet werden kann. Der erste von fünf Prototypen flog erstmals am 12. Dezember 1979, der letzte am 14. Juli 1980. Die Sea Hawk ist eine Marineausführung der UH-60A Black Hawk (siehe Seite 246) und soll auf den Zerstörern der DD-963-Klasse, den DDG-47-Aegis-Kreuzern und den FFG-7-Lenkwaffenfregatten als integraler Bestandteil des jeweiligen Waffensystems stationiert sein. Die US Navy weist einen Bedarf für 204 SH-60B aus, deren erste im Oktober 1983 abgeliefert wurde. Zudem soll sie 175 Exemplare der vereinfachten SH-60F für den Einsatz von Flugzeugträgern erhalten. Die australische Marine bestellte 16 Sea Hawks.
Hersteller: Sikorsky Aircraft, Division of United Technologies Corporation, Stratford, Connecticut, USA.

SIKORSKY S-70C

Ursprungsland: USA.
Kategorie: Ziviler Transporthubschrauber.
Triebwerke: Zwei Gasturbinen General Electric CT7-2C von je 1625 WPS (1212 kW) Leistung.
Leistungen: Ökonom. Reisegeschwindigkeit 300 km/h; max. Schrägsteiggeschwindigkeit 14,1 m/Sek; Dienstgipfelhöhe 5240 m; Schwebehöhe mit Bodeneffekt 2650 m, ohne Bodeneffekt 1460 m; Reichweite inkl. Reserven 473 km bei einer Fluggeschwindigkeit von 250 km/h auf 915 m, max. Reichweite ohne Reserven 550 km.
Gewichte: Leer 4607 kg; max. Startgewicht 9185 kg.
Abmessungen: Rotordurchmesser 16,36 m; Rumpflänge 15,26 m.
Zuladung: Zwei Piloten und normalerweise 12, maximal 19 Passagiere.
Bemerkungen: Die S-70C ist die Zivilausführung des Militärhelikopters H-60 und kann für die verschiedensten Verwendungszwecke eingesetzt werden, wie Küstenwache, geologische Aufgaben, Sanitätstransporte oder als Kranhubschrauber zum Heben und Befördern schwerer Lasten. Dazu ist sie mit einem 3630 kg tragenden Lasthaken ausgerüstet, und es lassen sich auf Wunsch eine Winterausrüstung, eine Rettungswinde oder eine komplette Sanitäts-Innenausrüstung einbauen. Unter den Bestellungen für die S-70C befinden sich 36 Exemplare für die VR China sowie 14 für Taiwan. Die Zivilversion S-70C unterscheidet sich von den militärischen Modellen lediglich durch die anderen Triebwerke, im übrigen wurden sämtliche Bauteile von der H-60 übernommen. Rolls-Royce erprobt zurzeit mit einer S-70C die Gasturbine Rolls-Royce Turboméca RTM 322.
Hersteller: Sikorsky Aircraft, Division of United Technologies Corporation, Stratford, Connecticut, USA.

SIKORSKY S-76B

Ursprungsland: USA.
Kategorie: Ziviler Transporthubschrauber.
Triebwerke: Zwei Gasturbinen Pratt & Whitney PT6B-36 von je 960 WPS (716 kW) Leistung.
Leistungen: Max. Reisegeschwindigkeit 269 km/h; ökonom. Reisegeschwindigkeit 250 km/h; max. Schrägsteiggeschwindigkeit 8,63 m/Sek; Dienstgipfelhöhe 4875 m; Schwebehöhe mit Bodeneffekt 2650 m, ohne Bodeneffekt 1800 m; Reichweite mit max. Nutzlast 333 km; max. Reichweite ohne Zusatztanks 667 km.
Gewichte: Leer 2835 kg; max. Startgewicht 4989 kg.
Abmessungen: Rotordurchmesser 13,41 m; Rumpflänge 13,22 m.
Zuladung: Zwei Piloten und maximal zwölf Passagiere.
Bemerkungen: Die S-76B ist eine Variante der S-76 Mk.II (siehe Ausgabe 1984), von welcher sie sich hauptsächlich durch die stärkeren Triebwerke anderer Bauart unterscheidet. Der Prototyp der S-76B flog erstmals am 22. Juni 1984, gefolgt von den ersten Kundenlieferungen in der ersten Hälfte von 1985. Mit ihren stärkeren Triebwerken ist die S-76B besonders für den Einsatz in heissen oder hochgelegenen Gebieten geeignet und vermag in solchen Situationen über 50% mehr Lasten zu befördern als die S-76 Mk.II. Zu Beginn 1986 hatte Sikorsky insgesamt rund 300 Exemplare der S-76 aller Versionen fertiggestellt und abgeliefert. Von der S-76 ist auch ein militärisches Modell, der Kampfhubschrauber H-76 Eagle, verfügbar, ausserdem befindet sich die Marineversion S-76N in Entwicklung. Zivil- und militärische Mehrzweckversionen siehe Seite 250.
Hersteller: Sikorsky Aircraft, Division of United Technologies Corporation, Stratford, Connecticut, USA.

SIKORSKY H-76 EAGLE

Ursprungsland: USA.
Kategorie: Bewaffneter Mehrzweckhubschrauber.
Triebwerke: Zwei Gasturbinen Pratt & Whitney (Canada) PT6B-36 von 960 WPS (716 kW) Leistung.
Leistungen: Max. Reisegeschwindigkeit 265 km/h; ökonom Reisegeschwindigkeit 241 km/h; max. Schrägsteiggeschwindigkeit 8,38 m/Sek; Dienstgipfelhöhe 4875 m; Schwebehöhe mit Bodeneffekt 2682 m, ohne Bodeneffekt 1800 m; Reichweite inkl. 30 Min. Reserve (ohne Zusatztanks) 578 km.
Gewichte: Leer 3030 kg; max. Startgewicht 5171 kg.
Abmessungen: Rotordurchmesser 13,41 m; Rumpflänge 13,22 m.
Zuladung: Zwei Piloten und zehn vollausgerüstete Soldaten, zwölf Patienten auf Sitzen oder drei Patienten auf Bahnen plus zwei Pfleger.
Bewaffnung: Einbaumöglichkeit für 7,62-mm-MGs sowie Panzerabwehrlenkwaffen Hellfire oder TOW.
Bemerkungen: Die H-76 Eagle ist eine militärische Ausführung der S-76B und fliegt seit dem Februar 1985. Sie ist insbesondere zur Unterstützung eigener Infanterie, als Truppentransporter, als Sanitätshubschrauber und als Such- und Rettungsflugzeug optimiert und lässt sich in einer halben Stunde vom einen auf den anderen Einsatzzzweck umrüsten. Unterschiede zur Zivilversion finden sich hauptsächlich in den gepanzerten Pilotensitzen, den Schiebetüren und dem verstärkten Kabinenboden, aber auch in der Bewaffnungsmöglichkeit und in selbstdichtenden Treibstofftanks.
Hersteller: Sikorsky Aircraft, Division of United Technologies Corporation, Stratford, Connecticut, USA.

WESTLAND SUPER LYNX

Ursprungsland: Grossbritannien.
Kategorie: Mehrzweck-Marinehubschrauber.
Triebwerke: Zwei Gasturbinen Rolls-Royce Gem 42 von je 1120 WPS (835,6 kW) Leistung.
Leistungen: Max. Reisegeschwindigkeit 260 km/h auf Meereshöhe; normale Schrägsteiggeschwindigkeit 10 m/Sek; Reichweite mit vier Schiffabwehr-Lenkwaffen und 20 Min. Reserven 426 km, als Such- und Rettungshubschrauber mit sechs Patienten und drei Mann Besatzung 280 km.
Gewichte: Max. Startgewicht 5126 kg.
Abmessungen: Rotordurchmesser 12,80 m; Länge mit gefalteten Rotorblättern 13,79 m.
Zuladung: Ein bis zwei Piloten und je nach Einsatzzweck bis zu zehn Personen in der Kabine. Als Rettungshubschrauber drei bis acht Patienten samt Pfleger.
Bewaffnung: Als Schiffsabwehr-Hubschrauber und U-Boot-Jäger bis zu vier Lenkwaffen Sea Skua, AS 12 oder AS 15TT oder zwei Langstrecken-Lenkwaffen Penguin.
Bemerkungen: Die Super Lynx ist die neuste Variante des Mehrzweckhubschraubers Lynx (siehe Ausgabe 1984) und befand sich bei der Drucklegung noch immer in Entwicklung. Sie dürfte ab Ende 1988 verfügbar sein. Die hauptsächlichsten Unterschiede zu den früheren Marineversionen der Lynx finden sich im neuen Radar unter dem Rumpfbug (MEL Super Searcher), welches 360 Grad abdeckt, in den grösseren Treibstofftanks und im neuentworfenen Heckrotor. Von der Lynx wurden 342 Exemplare bestellt.
Hersteller: Westland PLC, Westland Helicopters Ltd., Yeovil, Somerset, Grossbritannien.

WESTLAND SEA KING

Ursprungsland: Grossbritannien.
Kategorie: Amphibischer U-Boot-Jäger und Seenot-Rettungshubschrauber.
Triebwerke: Zwei Gasturbinen Rolls-Royce Gnome H.1400-1 von je 1660 WPS (1238 kW) Leistung.
Leistungen: Höchstgeschwindigkeit 230 km/h; max. durchschnittlich erreichbare Reisegeschwindigkeit 211 km/h auf Meereshöhe; Schwebehöhe mit Bodeneffekt 1525 m, ohne Bodeneffekt 975 m; Reichweite ohne Zusatztanks 1230 km, mit Zusatztanks 1507 km.
Gewichte: Leer als U-Boot-Jäger 6201 kg oder 5613 kg als Seenotrettungshubschrauber; max. Startgewicht 9525 kg.
Abmessungen: Rotordurchmesser 18,90 m; Rumpflänge 17,01 m.
Zuladung: Vier Mann Besatzung, worunter zwei Piloten. In Ausnahmefällen (Rettungsaktionen) bis zu 24 Personen.
Bemerkungen: Die Sea King Mk.2 ist eine stärkere Ausführung der Mk.1, welche ihrerseits aus der Sikorsky S-61D (siehe Ausgabe 1982) abgeleitet wurde. Die erste Sea King Mk.2 flog erstmals am 30. Juni 1974 und gehörte zu den zehn Sea King Mk.50, welche von der australischen Navy in Auftrag gegeben worden waren. Weitere 21 Maschinen sind anfangs 1978 an die Royal Navy als Sea King HAS Mk.2, und 19 an die RAF als Sea King HAR Mk.3 geliefert worden. Zurzeit befindet sich die Sea King HAS Mk.6 im Serienbau. Alle HAS Mk.2 sind auf den Mk.5-Standard gebracht worden. Acht Mk.3/3 wurden mit einem Thorn-EMI-Suchradar zu AEW-Hubschraubern umgebaut und auf Flugzeugträgern stationiert. Die Verkäufe von Sea Kings erreichten zu Beginn 1988 über 330 Exemplare.
Hersteller: Westland PLC, Westland Helicopters Ltd., Yeovil, Somerset, Grossbritannien.

VERZEICHNIS DER FLUGZEUGTYPEN

A-5M (Fantan), CNAMC, 78
A-6F Intruder II, Grumman, 114
A-36 Halcón, ENAER, 68
Aeritalia-Aermacchi-Embraer AMX, 6
Aermacchi MB-339C, 8
Aérospatiale AS 332 Super Puma, 220
   AS 350 Ecureuil, 221
   AS 355 Ecureuil 2, 222
   SA 365 Dauphin 2, 223
   SA 365M Panther, 224
   TB 30 Epsilon-TP, 10
   -Aeritalia ATR 72, 12
Agusta A 109 Mk II, 225
   A 129 Mangusta, 226
AH-1S HueyCobra, Bell, 227
AH-1W SuperCobra, Bell, 228
AH-64 Apache, Mc Donnell Douglas, 240
Airbus A300-600, 14
   A310-300, 16
   A320-200, 18
Alpha Jet 2, Dassault-Breguet/Dornier, 88
AMX, Aeritalia-Aermacchi-Embraer, 6
Antonow An-32 (Cline), 20
   An-74 (Coaler), 22
   An-124 (Condor), 24
Apache, McDonnell Douglas AH-64, 240
Atlantique, Dassault-Breguet, 80
ATP, British Aerospace, 48
Avanti, Piaggio P.180, 170
Aviojet, CASA C-101, 68

B-1B, Rockwell, 182
Backfire-C (Tu-26), 204
Beechcraft 1900C, 26
   Beechjet, 28
   King Air Exec-Liner, 26
   Starship, 30
Beechjet, Beechcraft, 28
Bell 214ST, 229
   222B, 230
   412, 231
   AH-1S HueyCobra, 227
   AH-1W SuperCobra, 228
   -Boeing V-22 Osprey, 32
BK 177, MBB-Kawasaki, 237
Black Hawk, Sikorsky UH-60, 246
Blackjack-A, Tupolew, 206
BO 105, MBB, 236
Boeing 414 Chinook, 232
   737-400, 34
   747-400, 36

   757-200, 38
   767-300, 40
   E-3 Sentry, 42
Brasilia, Embraer EMB-120, 94
British Aerospace 125-800, 44
   146-300, 46
   ATP, 48
   EAP, 50
   Harrier GR Mk 5, 52
   Hawk 100, 54
   Hawk 200, 56
   Jetstream 31, 58
   Sea Harrier FRS Mk 2, 60
Bromon BR-2000, 62

C-5B Galaxy, Lockheed, 138
C-130 Hercules, Lockheed, 140
Camber (Il-86), 128
Canadair Challenger 601-3A, 66
   CL-215T, 64
Candid (Il-76), 126
Caravan, Cessna 208, 72
CASA C-101 Aviojet, 68
   -IPTN CN-235-100, 70
Cessna 208 Caravan, 72
   Citation 5, 74
CH-53E Super Stallion, Sikorsky, 245
Challenger, Canadair, 66
Chinook, Boeing 414, 232
Citation 5, 74
Claudius Dornier Seastar, 76
Cline (An-32), 20
Clobber (Yak-42), 218
CN-235, CASA-IPTN, 70
CNAMC A-5 (Fantan), 78
Coaler (An-74), 22
Condor (An-124), 24
Corsair II, LTV YA-7F, 146

Dash 8-300, de Havilland Canada, 90
Dassault-Breguet Atlantique, 80
   Mirage 2000, 82
   Mystère-Falcon 900, 84
   Rafale A, 86
   /Dornier Alpha Jet 2, 88
Dauphin 2, Aérospatiale SA 365, 223
Defender II, McDonnell Douglas, 238
De Havilland Canada Dash 8-300, 90
Dornier Do 228, 92

E-2C Hawkeye, Grumman, 116
E-3 Sentry, Boeing, 42
Eagle, Mc Donnell Douglas F-15E, 148
Eagle, Sikorsky H-76, 250

EAP, British Aerospace, 50
Ecureuil, Aérospatiale AS 350, 221
  2, Aérospatiale AS 355, 222
EH Industries EH 101, 233
Embraer EMB-120 Brasilia, 94
  EMB-312 Tucano, 96
ENAER A-36 Halcón, 68
  T-35 Pillán, 98
Epsilon, Aérospatiale TB 30, 10

F-14A (Plus) Tomcat, Grumman, 118
F-15E Eagle, McDonnell Douglas, 148
F-16, Fighting Falcon, General
  Dynamics, 112
F/A-18 Hornet, McDonnell Douglas, 150
Falcon 900, Dassault-Breguet, 84
FAMA IA 63 Pampa, 100
Fantan (CNAMC A-5M), 78
Fencer (Su-24), 198
Fighting Falcon, General Dynamics
  F-16, 112
Fieldmaster, Norman NAC 6, 166
Flanker (Su-27), 202
Flogger-J (MiG-27M), 160
Fokker 50, 102
  100, 104
Forger-A (Yak-38), 216
Foxhound (MiG-31), 164
Frogfoot (Su-25), 200
Fulcrum (MiG-29), 162

GAIGC FT-7, 106
Galaxy, Lockheed C-5B, 138
(Gates) Learjet 31, 108
  55C, 110
General Dynamics F-16, 112
Goshawk, McDonnell Douglas/
  British Aerospace T-45A, 154
Gripen, Saab 39, 184
Grumman A-6F Intruder II, 114
  E-2C Hawkeye, 116
  F-14A (Plus) Tomcat, 118
Gulfstream Aerospace Gulfstream IV,
  120

Halcón, ENAER A-36, 68
Halo (Mi-26), 243
Harbin SH-5, 122
  Y-12-2, 124
Harrier II, McDonnell Douglas AV-8B, 52
  TAV-8B, 158
Harrier GR Mk 5, British Aerospace, 52
Hawk 100, British Aerospace, 54
  200, British Aerospace, 56
Havoc (Mi-28), 244
Hawkeye, Grumman E-2C, 116
Helix (Ka-27), 234
Hercules, Lockheed L-100-30, 140
Hind (Mi-24), 242

Hip (Mi-17), 241
Hokum (Kamow), 235
Hornet, McDonnell Douglas F/A-18,
  150

IA 63 Pampa, FAMA, 100
Iljuschin Il-76 (Candid), 126
  Il-86 (Camber), 128
  Il-96-300, 130
  Mainstay, 132
Intruder II, Grumman A-6F, 114
Iryd, PZL I-22, 176
Iskierka, PZL M-26, 178

JAS 39 Gripen, Saab, 184
Jet Squalus, Promavia, 174
Jetstream 31, British Aerospace, 58

Kamow Ka-27 (Helix), 234
  (Hokum), 235
Kawasaki T-4, 134
KC-10A Extender, McDonnell Douglas
  152
King Air Exec-Liner, Beechcraft, 26

Lasta, UTVA, 210
Learjet 31, 108
  55C, 110
LET L-610, 138
Lockheed C-5B Galaxy, 138
  L-100-30 Hercules, 140
  P-3C Orion, 142
  P-3 Sentinel, 144
LTV YA-7F Corsair II, 146
Lynx, Westland, 251

Mainstay (Iljuschin), 132
Mangusta, Agusta A 129, 226
MB-339, Aermacchi, 8
MBB BO 105, 236
  -Kawasaki BK 117, 237
Midas (Iljuschin), 126
MiG-27M (Flogger-J), 160
  -29 (Fulcrum-A), 162
  -31 (Foxhound), 164
Mil Mi-8 (Hip), 241
  -17 (Hip), 241
  -24 (Hind), 242
  -26 (Halo), 243
  -28 (Havoc), 244
Mirage 2000, Dassault-Breguet, 82
Mystère-Falcon 900, Dassault-Breguet,
  84
Mc Donnell Douglas 500MD, 238
  530F, 239
  AH-64 Apache, 240
  AV-8B Harrier II, 52
  F-15E Eagle, 148
  F/A-18 Hornet, 150

KC-10A Extender, 152
MD-87, 156
/British Aerospace T-45 Goshawk, 154

Norman NAC 6 Fieldmaster, 166

Orion, Lockheed P-3C, 142
Osprey, Bell-Boeing V-22, 32

P-3 Sentinel, Lockheed, 144
P-3C Orion, Lockheed, 142
Pampa, FAMA IA-63, 100
Panavia Tornado F Mk 3, 168
Panther, Aérospatiale SA 365M, 224
Piaggio P.180 Avanti, 170
Pilatus PC-9, 172
Pillán, ENAER T-35, 98
Promavia Jet Squalus, 174
PZL I-22 Iryd, 176
 -130T Turbo Orlik, 180
 M-26 Iskierka, 178

Rafale A, Dassault-Breguet, 86
Redigo, Valmet L-90 TP, 212
Rockwell B-1B, 182

Saab 39 Gripen, 184
 SF340, 186
Sea Harrier FRS Mk 2, British Aerospace, 60
Sea Hawk, Sikorsky SH-60B, 247
Sea King, Westland, 252
Seastar, Claudius Dornier, 76
Sentry, Boeing E-3, 42
SH-5, Harbin, 122
SH-60B Sea Hawk, Sikorsky, 247
Shenyang J-8B (F-8 II), 188
Shorts 360-300, 190
 S312 Tucano, 192
Siai Marchetti S.211, 194
Sikorsky CH-53E Super Stallion, 245
 H-76 Eagle, 250
 S-70A, 246

S-70C, 248
S-70L, 247
S-76B, 249
SH-60B Sea Hawk, 247
UH-60A Black Hawk, 246
Socata/Mooney TBM 700, 197
Starship, Beechcraft 2000, 30
Suchoj Su-24 (Fencer), 198
 Su-25 (Frogfoot), 200
 Su-27 (Flanker), 202
SuperCobra, Bell AH-1W, 228
Super Puma, Aérospatiale AS 332, 220
Super Stallion, Sikorsky CH-53E, 245

T-45A Goshawk, McDonnell Douglas/British Aerospace, 154
TAV-8B Harrier II, McDonnell Douglas, 158
Tomcat, Grumman F-14A (Plus), 118
Tornado F Mk 3, Panavia, 168
Tucano, Embraer EMB-312, 96
 Shorts, 192
Tupolew Tu-26 (Backfire-C), 204
 Tu-204, 208
 Blackjack-A, 206
Turbo Orlik, PZL-130T, 180

U-27A, Cessna, 72
UH-60A Black Hawk, Sikorsky, 246
Utva Lasta, 210

V-22 Osprey, Bell-Boeing, 32
Valmet L-90 TP Redigo, 212

Westland Lynx, 251
 Sea King, 252

XAC Y-7-100, 214

Y-7-100, XAC, 214
Y-12-2, Harbin, 124
YA-7F Corsair II, LTV, 146
Yakowlew Yak-38, 216
 Yak-42, 218

ABKÜRZUNGEN IM TEXT

Aéronavale	=	französische Marineluftwaffe.
AAM	=	**A**ir-to-**A**ir-**M**issile, Lenkwaffe gegen feindliche Flugzeuge.
AEW	=	**A**irborne **E**arly **W**arning, fliegende Radarfrühwarnung.
AF	=	**A**ir **F**orce, Luftwaffe.
ALAT	=	**A**viation **L**égère de l'**A**rmée de **T**erre, französische Heeresluftwaffe.
Armée de l'Air	=	französische Luftwaffe.
ASM	=	**A**ir-to-**S**urface-**M**issile, Lenkwaffe gegen Bodenziele.
ASW	=	**A**nti **S**ubmarine **W**arfare, U-Boot-Bekämpfung.
AWACS	=	**A**irborne **W**arning **A**nd **C**ontrol **S**ystem, Frühwarnflugzeug.
ECM	=	**E**lectronic **C**ounter **M**easures. Sammelbegriff für alle Massnahmen zur Störung feindlicher Funk- und Radareinrichtungen auf elektronischem Weg. **ECCM,** Störung der feindlichen ECM-Massnahmen.
EFIS	=	**E**lectronic **F**light **I**nstrument **S**ystem, Bildschirmanzeigegeräte.
Elint	=	**El**ectronics **Int**elligence, elektronische Aufklärung.
FAA	=	**F**ederal **A**viation **A**dministration, US-Luftamt.
FAI	=	**F**édération **A**éronautique **I**nternationale.
FBW	=	**F**ly **B**y **W**ire, elektrische Steuerung.
FLIR	=	**F**orward-**L**ooking **I**nfra**R**ed, Infrarot-Nachtsichtgerät.
GFK	=	**G**lasfaserverstärkter **K**unststoff.
HUD	=	**H**ead-**U**p **D**isplay, Blickfelddarstellungsgerät. Die wichtigen Flugdaten werden auf die Frontscheibe projiziert.
IFF	=	**I**dentification **F**riend or **F**oe, Freund/Feind-Erkennungsgerät.
IFR	=	**I**nstrument **F**light **R**ules, Instrumentenflugregeln.
LANTIRN	=	**L**ow-**A**ltitude **N**avigation **T**argeting **IR** for **N**ight, Tiefflugnavigations- und Infrarot-Angriffssystem für Nachteinsätze.
MAD	=	**M**agnetic **A**nomaly **D**etection, Magnetometer. Gerät zum Aufspüren magnetischer Unregelmässigkeiten.
NASA	=	**N**ational **A**eronautics & **S**pace **A**dministration, Behörde für Luft- und Raumfahrtforschung der USA.
NATO	=	**N**orth **A**tlantic **T**reaty **O**rganization, Nordatlantik-Verteidigungspakt. Mitglied sind die USA, Kanada, Belgien, BRD, Dänemark, Grossbritannien, Island, Italien, Luxemburg, Holland, Norwegen, Portugal, Spanien, Griechenland und Türkei.
OKB	=	**O**pytno **K**onstruktorskoe **B**yuro, Konstruktionsbüro für Experimentalflugzeuge (UdSSR).
QSTOL	=	**Q**uiet **STOL,** lärmarmes STOL-Flugzeug.
RAF	=	**R**oyal **A**ir **F**orce, britische Luftwaffe.
RN	=	**R**oyal **N**avy, britische Marineluftwaffe.
STOL	=	**S**hort **T**ake-**O**ff and **L**anding, Kurzstart und -landung.
UDF	=	U**nD**ucted **F**an, neue Triebwerkart (Mantelstromtriebwerk mit unverkleideten, speziellen Mantelstromschaufeln).
USAF	=	**U**nited **S**tates **A**ir **F**orce, Luftwaffe der USA.
USCG	=	**U**nited **S**tates **C**oast **G**uard, Küstenwache der USA.
USMC	=	**U**nited **S**tates **M**arine **C**orps, Marineinfanterie der USA.
USN	=	**U**nited **S**tates **N**avy, Marine der USA.
VFR	=	**V**isual **F**light **R**ules, Sichtflugregeln.
VTOL	=	**V**ertical **T**ake-**O**ff and **L**anding, Senkrechtstart und -landung.
V-VS	=	**V**oenno-**V**ozdushnye **S**ily, Luftwaffe der UdSSR.
WPS	=	**W**ellen-**PS**, Leistung einer Propeller- oder Gasturbine, an der Welle gemessen; der Restschub wird nicht berücksichtigt. Englisch: **shp** (**S**haft **H**orse **P**ower).